HÉROES CRISTIANOS DE AYER Y DE HOY

HAZAÑAS
EN EL HIELO

La vida de
Wilfred Grenfell

Donated by
Christian Library International
Box 97095 Raleigh NC 27624
Sign up for the CLI Bible Study today
Tell us how this book helped you!

Donated by
Christian Library International

HÉROES CRISTIANOS DE AYER Y DE HOY

HAZAÑAS EN EL HIELO

La vida de Wilfred Grenfell

JANET & GEOFF BENGE

EDITORIAL JUCUM

P.O. BOX 1138 TYLER, TX 75710-1138

Editorial JUCUM forma parte de Juventud Con Una Misión, una organización de carácter internacional.

Si desea un catálogo gratuito de nuestros libros y otros productos, solicítelos por escrito o por teléfono a:

Editorial JUCUM
P.O. Box 1138, Tyler, TX 75710-1138 U.S.A.
Correo electrónico: info@editorialjucum.com
Teléfono: (903) 882-4725
www.editorialjucum.com

Hazañas en el hielo: La vida de Wilfred Grenfell
Copyright © 2015 por Editorial JUCUM
Versión española: Iñaki Colera
Edición: Miguel Peñaloza

Publicado originalmente en inglés con el título de:
Wilfred Grenfell: Fisher of Men
Copyright © 2003 por YWAM Publishing
Publicado por YWAM Publishing
P.O. Box 55787, Seattle, WA 98155 U.S.A.

Todos los derechos reservados. Ninguna parte de este libro puede ser reproducida en forma alguna —a excepción de breves citas para reseñas literarias— sin el previo permiso escrito de Editorial JUCUM.

ISBN 978-1-57658-808-6

Impreso en los Estados Unidos

Héroes cristianos de ayer y de hoy
Biografías

Norteamérica

Terranova
(Labrador incluido)

QUEBEC

Ensenada de Nachvak

Okkak

Hopedale

Indian Harbor

LABRADOR

Red Bay

Battle Harbor

St. Anthony

Hare Bay

QUEBEC

Estrecho de Belle Isle

ISLA DE
TERRANOVA

San Juan

Golfo de San Lorenzo

OCÉANO ATLÁNTICO NORTE

N

Índice

Capítulo 1

¡O sea que es así como acaba todo!

El viento helado aguijoneaba como un cuchillo los dedos de las manos y los pies de Wilfred Grenfell. Le habría gustado calentárselos junto a un fuego, pero allí no había nada que quemar, e incluso si lo hubiera, sus cerillas se habían mojado al caer el trineo de perros a través del hielo. Había oscurecido, y sus ropas empapadas se congelaban sobre su cuerpo. Ni la manta de piel de perro con la que se cubría, ni estar acurrucado contra Doc, el mayor de sus perros, era suficiente para contrarrestar el frío cortante del ártico.

El viento todavía ululaba desde el noroeste empujando la capa de hielo sobre la que vagaba a la deriva por el mar y, con ella, las esperanzas de ser rescatado. Más allá de la bahía estaban las furiosas y turbulentas aguas del Atlántico Norte que por entonces, a finales del invierno, engullía los pedazos que se iban desgajando del hielo a medida que se alejaban de las bahías. Cuando las olas que golpeaban las placas las hubieran hecho pedazos, todo aquel que hubiera quedado atrapado en ellas, como él y los perros que le quedaban, sería arrojado al glacial océano, donde la muerte vendría con rapidez.

Wilfred intentó apartar ese pensamiento de su mente. No le hacía ningún bien pensar en esas cosas. Además, se recordó a sí mismo que llevaba atrapado en aquella placa de hielo durante bastante más de doce horas y todavía seguía vivo. Quizá aún hubiese un rayo de esperanza. Pero el frío era su enemigo; podía sentir desde su interior cómo se le iban escurriendo las fuerzas y, gracias a sus conocimientos médicos, sabía que su cuerpo no tardaría en sufrir el impacto de una severa hipotermia.

Intentó frotarse las manos heladas para generar algún calor mientras pensaba en cómo había llegado hasta allí. Todo había ocurrido cuando iba desde St. Anthony, en el extremo norte de Terranova, hasta la Isla Brent, en la costa sur de Hare Bay, situada a cien kilómetros al sur. Había pasado la noche anterior en Lock's Cove, en la orilla norte de la bahía, y reanudado la marcha con la primera luz del día. Pero estaban a finales del invierno, y durante la noche el viento había empezado a partir la masa de hielo flotante. La gente del lugar le había advertido que no intentase cruzar al otro lado de la bahía por encima del mar helado, que era la distancia más corta hasta la isla Brent, porque no era seguro. Habían insistido en que debía seguir la línea de la costa hasta su destino. Y eso es lo que él había hecho durante varios kilómetros, hasta que se dio cuenta de que había un puente de hielo que conducía a una isla deshabitada del interior de la bahía. Si cruzaba hasta la isla y después atravesaba la estrecha hoja de hielo entre la isla y la costa sur, se ahorraría un montón de kilómetros de viaje y llegaría antes a auscultar a su paciente, un chico que sufría envenenamiento en la sangre. Decidió arriesgarse y se dirigió hacia el puente de hielo, pero lo que parecía hielo sólido desde la orilla, resultó ser blando y viscoso hielo *sish*. A mitad de camino hacia la isla, el trineo de perros empezó a hundirse. Wilfred tuvo que soltar a los perros y abandonar el trineo, que se hundió rápidamente a través del hielo. Luego él y los nueve perros consiguieron llegar a la placa en la que estaban ahora atrapados, vagando hacia el mar.

Cuando las sombras de la tarde empezaron a extenderse sobre la bahía y la temperatura se desplomó, supo que tendría que hacer algo más si quería permanecer caliente durante la noche. Al final hizo algo que le causó mucho pesar, matar y despellejar a tres de sus perros. Sus pieles formaban ahora la manta bajo la que se acurrucaba, proporcionándole alguna protección frente al viento helado que le penetraba hasta los huesos. Pero estaba perdiendo la batalla contra el frío. Había dormitado a ratos, con miedo a dormirse profundamente y no volver a despertar, y en cierto momento creyó ver la salida del sol, pero al fijarse más detenidamente se dio cuenta de que era la luna llena que asomaba por entre las nubes, en el horizonte.

Wilfred se apretó más a Doc, intentando absorber cada fracción de calor sobrante que producía el enorme perro. Mientras intentaba quedarse dormido

otra vez, las palabras de un himno que había canta-
do siendo niño en Parkgate, Inglaterra, empezaron a
resonar en su mente.

> Mi Dios, mi Padre, mientras me extravío
> lejos de mi hogar por el oscuro camino de la vida,
> oh, enséñame a decir de todo corazón,
> ¡Sea hecha tu voluntad!

Unos minutos después, Wilfred abrió los ojos y
contempló la luna. «¡O sea que es así como acaba
todo!», pensó dentro de sí. «Qué adecuado es que
muera en el océano». Dejó vagar su mente hacia el
pasado, a sus primeros recuerdos infantiles; eran
del mar. Había pasado toda su vida en el océano o
cerca del mismo. Cómo le habría gustado estar en
Parkgate en aquel momento, navegando en el Repti-
le con Algernon, su hermano mayor, por el estuario
del río Dee. Qué extraños derroteros había seguido
su vida desde aquellos tiempos, hasta acabar a la
deriva en la costa de Terranova sobre una placa de
hielo, de camino a una muerte segura.

Capítulo 2

Las Arenas de Dee

—Wilfred —dijo el maestro inglés, golpeando con su bastón la pizarra—, ¿Sería usted tan amable de ponerse en pie y recitar las *Arenas de Dee* a la clase, por favor?

El niño de diez años Wilfred Grenfell echó hacia atrás la silla y se puso en pie. Odiaba recitar delante de la clase, pero no había forma de librarse, no cuando su padre era el director y su madre la tesorera del colegio, y la que mantenía el registro de los castigos disciplinarios. ¡Cada vez que metía la pata en clase ambos tardaban unos minutos en enterarse!

No es que recitar poesía le resultase difícil. De hecho, cualquier cosa que requiriese ser memorizada le resultaba sencilla. Simplemente no le agradaba ser el centro de atención. A pesar de ello, tomó aire profundamente y comenzó:

Oh, Mary, ve y llama al ganado,
y llama al ganado,
y llama al ganado,
por las arenas de Dee:
El viento del oeste era salvaje y estaba empapado
de espuma;
y ella iba completamente sola.

La marea del oeste avanzó lentamente a lo largo
de la arena,
y una y otra vez sobre la arena,
de un lado a otro de la arena,
hasta donde la vista alcanzaba,
la bruma cegadora descendió y ocultó la tierra:
y ella no pudo volver a casa.

Wilfred hizo una pausa para echar un breve vistazo a la clase y después continuó.

¡Oh! ¿Es maleza, o pescado, o cabello que flota,
un mechón de cabello dorado,
de cabello de doncella ahogada,
sobre las redes en el mar?
Ningún salmón ha brillado tanto,
entre los botalones del Dee.

La trajeron remando a través de la espuma arrolladora,
la cruel, reptante espuma,
la cruel, hambrienta espuma,
a su tumba junto al mar;
pero todavía los barqueros la escuchan llamar al
ganado,
por las arenas del Dee.

—Muy bien, muy bien —dijo el maestro—. Mañana le tocará a usted recitar un poema, James. Ahora
abran sus libros por la página cincuenta y tres, y ob-
servemos el ritmo de los pareados del siguiente poema.

Wilfred buscó la página obedientemente, pero sus
ojos no tardaron en vagar por el cuarto y hacia el exterior por la ventana. Era extraño, pero contemplaba
las arenas del Dee, exactamente el mismo escenario
descrito en el poema. El primo de su padre, un famoso poeta inglés llamado Charles Kingsley, había
escrito el poema, entre otras razones, para avisar a
la gente en de lo traicioneras que eran las aguas del
estuario del río Dee. No es que Wilfred necesitase un
poema para recordárselo. Desde su más tierna infan-
cia había caminado por el trecho arenoso que separaba Parkgate, su pueblecito del condado de Chesire,
Inglaterra, de la península que estaba en Gales. Precisamente el año anterior había observado impotente
como una marea rápida atrapaba a un viejo pescador
y lo arrastraba hacia el mar hasta matarlo. A dife-
rencia de la Mary del poema, nunca recuperaron su
cuerpo.

Pero los peligros del estuario, con sus arenas
movedizas, su canal de corrientes rápidas, apodado
«el profundo», y sus repentinos cambios de tiempo,
no impedían que Wilfred y Algernon se aventurasen
en él casi a diario. Un simple vistazo a las fotogra-
fías y artefactos que decoraban los muros del Colegio Mostyn House, bastaba para recordarle a Wilfred que descendía de una larga estirpe de valientes
aventureros.

En el gran salón había doce cabezas disecadas
de tigres, leopardos y un venado, todos de la India.
Hutchinson, el abuelo de Wilfred, había sido coronel

del ejército británico estacionado allí. La madre de
Wilfred había nacido y se había criado en la India, y
la mayor parte de su familia todavía vivía en aquel
país. No menos de cincuenta de sus primos estaban
alistados en el ejército o trabajaban para la adminis-
tración colonial.

A menudo, al contemplar los ojos de los animales
del gran salón, imaginaba a sus parientes acechan-
do a sus presas a través de altas malezas y tierras
bajas pantanosas. Cuando nadie les veía, él y Algernon jugaban a ser cazadores de caza mayor, aunque sus capturas solían ser pájaros costeros o aves
lavandera, y su escopeta un simple palo de escoba.

De las paredes también colgaban montones de
retratos. Principalmente eran de gente de su familia
paterna. Unos cincuenta años antes, su abuelo había cambiado la terminación de su apellido, de Grenville a Grenfell, pero a estos antepasados Grenville
bien valía la pena recordarlos. Entre ellos estaba Basil Grenville, comandante del ejército de Cornualles
que había luchado para el rey Charles. También el
tío abuelo de Wilfred, John Pascoe Grenville, que se
había echado a la mar a la edad de once años, y siendo jovencito había combatido para la marina chilena,
ayudando a derrotar a la armada española. Espada
en mano, había sido el primer hombre en abordar la
Esmeralda, nave capitana de la flota española, seguido de los chilenos, que se abalanzaron sobre el
barco y lo capturaron. Después, en la guerra contra
Portugal, sirvió en la marina brasileña, donde llegó
a alcanzar el grado de contralmirante y, finalmente,
fue nombrado embajador de Brasil en Londres. Allí
murió en 1869, cuando Wilfred apenas tenía cuatro
años, por lo que no podía recordar a su tío.

Al acabar las clases, Wilfred fue a buscar a su madre, que solía estar en las oficinas de la escuela con la nariz pegada a algún libro de cuentas. Cecil, su hermano menor, que tenía tan solo cinco años, solía permanecer sentado junto a ella y jugar con un trenecito de juguete.

—Hola Cecil —dijo Wilfred, agachándose para darle a su hermano una palmadita en el hombro. Este levantó la vista y sonrió. No era algo frecuente. Había sufrido complicaciones durante el parto y su cerebro no funcionaba bien. Todo el mundo en la escuela sabía que Cecil no podía quedarse nunca solo, pues corría el riesgo de hacerse daño a sí mismo.

Al cabo de unos minutos, Algernon, que por entonces tenía doce años, pasó por el despacho. La madre de los chicos sacó una cesta de galletas y le dio una a cada niño.

—¿Cómo les ha ido hoy en el colegio? —preguntó.

Como de costumbre, fue Algernon quien respondió primero.

—Estupendamente. De nuevo he sido el mejor en el examen de Latín, y el Sr. Myers dice que puedo pasar al siguiente capítulo de mi libro de francés.

—Maravilloso —respondió la Sra. Grenfell—. ¿Y qué tal te ha ido a ti, Wilfred?

—Bien—murmuró él.

Aunque sus notas eran tan buenas como las de su hermano mayor, no compartía su pasión por estudiar y aprender de los libros. Wilfred prefería pasar el tiempo al aire libre, y estaba encantado de que solo faltase una semana para las vacaciones de verano.

Además, aquel año estaba particularmente ansioso de que acabase el colegio. Todos los veranos sus padres pasaban algún tiempo en los Alpes suizos, dejando a sus tres hijos al cuidado de la matrona. Esta, siempre preocupada con la seguridad de Cecil, solía dejar que Algernon y Wilfred vagasen libremente durante todo el verano. Este año iba a ser especialmente emocionante, ya que su padre les había dado permiso nada menos que para construir un bote.

Por ello, a medida que finalizaba el semestre, Wilfred repasaba en su mente cada detalle de la futura embarcación. Era necesario que tuviese poco calado, de forma que pudieran explorar las marismas estuario arriba, y también una popa cuadrada, para que resistiera bien las olas del mar de Irlanda.

Ambos chicos habían pasado todo el año ahorrando sus pagas y tenían suficiente dinero como para comprar las planchas y los clavos que necesitaban. No les costó mucho convencer a su padre de que contratase al carpintero del lugar para que supervisase el proyecto. Su progenitor parecía feliz de satisfacer la pasión de sus hijos por el océano. Como el tiempo en Cheshire podía ser impredecible, incluso en verano, los chicos le convencieron también de que les permitiese construir el bote en una clase situada en el segundo piso. Su idea era bajarlo con cuidado por la ventana una vez estuviese terminado, deslizándolo por el techo inclinado del tejado de la primera planta, para luego descenderlo hasta el suelo.

Construir el bote fue una tarea larga y exigente. Mediante formones y garlopas había que cortar y dar forma a las planchas para después unirlas a la estructura. Pero a pesar de la dificultad, el bote fue lentamente tomando forma, hasta que llegó el momento de sacarlo al exterior para poder pintarlo. Mientras lo bajaban al suelo, Wilfred tuvo que admitir que aquello no se parecía a ningún otro bote que hubiese visto antes, pues era parte batea, parte canoa. De hecho, parecía más un ataúd flotante que un bote. Pero a Wilfred esto no le preocupaba; sabía que a pesar de su extraño aspecto, sería uno de los botes más marineros de todo el estuario.

Una vez que la embarcación estuvo a salvo en el suelo, Wilfred y Algernon la pintaron de rojo, bautizándola como el «Reptil», y durante el resto del verano los chicos apenas pisaron la casa. En lugar de ello, remaban por turnos, corriente arriba y corriente abajo, por el río y se divertían saltando al agua por la borda mientras las rápidas corrientes del «Profundo» hacían cabecear su embarcación. No era raro que los remolinos de la corriente acabasen arrastrando a uno de los dos hacia la costa de Gales, haciendo que el otro hermano tuviera que maniobrar el Reptil para ir a recogerlo.

Algernon tenía también una escopeta de caza, y los muchachos solían abatir pájaros salvajes y traerlos a casa para que la cocinera los preparara para la cena. Además, un viejo marinero del pueblo enseñó a Wilfred como disecar y montar algunos de los pájaros capturados, y este tuvo pronto una colección impresionante de pájaros alineados en el antepecho de la ventana de su dormitorio.

Durante el verano, también sucedía con frecuencia que Algernon y Wilfred ni siquiera durmiesen en casa. Les gustaba quedarse fuera toda la noche trabajando con los pescadores de Parkgate, arrastrando las redes y pesando los peces para llevarlos al mercado.

Este era el tipo de vida que más satisfacía a Wilfred: poder medir sus fuerzas contra la naturaleza y poner a prueba su resistencia.

Sin embargo, el verano llegó a su fin y hubo que cambiar el Reptil por los libros escolares. Wilfred se consolaba soñando con el próximo verano, y con el siguiente. De hecho, imaginaba que pasaría toda su vida en Parkgate y en las aguas que rodeaban al pueblo.

Por eso, para él fue toda una conmoción cuando, en 1879, su padre le llamó al despacho para anunciarle que debía proseguir sus estudios en el Marlborough College, en Wiltshire, una famosa escuela en la que estudiaban los hijos de los clérigos, ya que el padre de Wilfred, Algernon Grenfell, era un ministro ordenado, aunque siempre había trabajado como director de colegio.

Una semana después, mientras meditaba acerca de aquella impactante noticia, Wilfred comprendió que tenía que habérselo esperado. A pesar de que a su hermano Algernon ya le habían enviado a otro internado, por alguna razón nunca se le había ocurrido que él fuera a seguir los pasos de su hermano mayor.

Así que, tras las vacaciones de verano de 1879, Wilfred partió hacia la campiña de Wiltshire, situada a trescientos kilómetros al sudeste de Parkgate.

Después de un largo día viajando en tren, apareció ante su vista el castillo de Marlborough, que anteriormente había sido la residencia de los duques de Somerset, pero ahora albergaba el colegio de secundaria al que iba a asistir. El castillo estaba rodeado por un foso que en uno de sus puntos había sido ensanchado con el fin de que se pudiese practicar la natación. Wilfred sonrió para sus adentros, ¡al menos había algo de agua en el vecindario!

La vida no tardó en hacérsele monótona y gris. La mayoría de los chicos de su clase no le caían bien

y pronto se ganó el apodo de «la bestia», ya que solo
se peinaba cuando le obligaban a ello, y a menudo
se peleaba con los demás chicos. Lo cierto era que
Wilfred se aburría muchísimo. Lo que para los demás chicos eran audaces aventuras a él le parecían
sucesos de lo más insulso. El más valiente de ellos
se escapaba por la ventana en medio de la noche
para nadar en el foso, pero Wilfred recordaba las
numerosas veces en que se había zambullido desde
la borda del Reptil para enfrentarse con la rugiente
marea de la desembocadura del río Dee; o las ocasiones en que había permanecido levantado toda la
noche navegando en un barco de pesca de diez metros de eslora para extraer del agua las redes llenas
de pescado y descargarlas sobre la popa, tarea en la
que había visto a hombres hechos y derechos hallar
la muerte al quedarse enredados en las redes y ser
arrastrados por la borda.

A Wilfred le gustaba permanecer solo la mayoría
del tiempo, y por eso el domingo era su día favorito
de la semana. La jornada comenzaba con el servicio
religioso en la capilla. Aunque el runrún de la voz
del capellán casi conseguía dejarlo dormido, tras el
sermón los muchachos solían cantar todo el Mesías
de Händel, y a pesar de que muchos le habían dicho
que no tenía oído musical —le apodaban el «unito-
no»—, a él le encantaba cantar alto y disfrutaba muchísimo con ello.

Tras el servicio en la capilla se suponía que los
chicos debían volver a sus habitaciones para leer en
silencio o escribir cartas. Este era el momento que
solía aprovechar para escapar al cercano bosque de
Savernake con el fin de capturar polillas y mariposas. Desde luego, no podía compararse con la caza

de zarapitos, chorlitos y charranes en el estuario del río Dee, pero al menos estaba a solas en medio de la naturaleza.

Pasaron dos aburridos años hasta que logró convencer a su padre de que era tan infeliz en el Marlborough College que necesitaba volver a casa.

En 1881, Wilfred regresó a su hogar y volvió a disfrutar de la vida que tanto le gustaba. Su padre le hizo seguir estudiando griego, latín y matemáticas, pero aparte de eso tenía libertad para vagar libremente por todas partes, y en cuanto tuvo oportunidad se embarcó en un barco pesquero que zarpó rumbo al mar de Irlanda en busca de capturas. Mientras tanto, Algernon siguió con sus estudios y consiguió ingresar en la universidad de Oxford.

Durante casi un año, Wilfred siguió con su vida feliz y despreocupada, pero un día su padre volvió a convocarle a su despacho.

—Cierra la puerta cuando entres —dijo el señor Grenfell suavemente. Tras aclararse la garganta, añadió—: Tengo algo que decirte que lo más probable es que no te guste. Siéntate.

Wilfred se acomodó en el borde de una silla de piel y esperó intrigado, preguntándose qué impactantes noticias serían aquellas.

—Tu madre y yo hemos sido muy felices aquí en Parkgate —empezó a decir su padre—. La escuela marcha bien, está adquiriendo una excelente reputación y es aquí donde hemos criado a nuestros hijos. Pero esa vida está a punto de terminar. Tras meditarlo mucho, he aceptado un puesto de capellán en el Hospital de Londres, en Whitechapel Road.

Wilfred tragó saliva. Había leído las suficientes obras de Charles Dickens como para saber que

Whitechapel Road estaba en la zona más deprimida de toda la ciudad.

—¿Quieres decir que nos mudamos de aquí para siempre y nos vamos a Londres? —preguntó Wilfred, incapaz de asumir una idea tan sorprendente.

—Así es —dijo su padre—. Ya he escrito a Algernon y, cuando se gradúe, volverá aquí para dirigir la escuela. Mientras tanto, he encontrado un sustituto que la mantendrá en funcionamiento, y yo volveré cada tres meses para asegurarme de que todo marcha bien. Ahora, debemos hablar de ti.

—¿De mí? ¿Qué pasa conmigo? —preguntó él.

—Bien... ¿Qué quieres hacer con tu vida, hijo? Debes aprender algo con lo que ganarte la vida.

Aquella pregunta le golpeó con la fuerza de una gran ola. Nunca se le había ocurrido pensar que tendría que ganarse la vida. Los chicos de su posición social solo ejercían una profesión si la encontraban interesante. En caso contrario, podían vivir indefinidamente del dinero de la familia.

—Yo... yo... —acertó a balbucear Wilfred, pero no pudo imaginar una sola forma de terminar la frase.

Tras un largo silencio, su padre finalmente tomó la palabra.

—Comprendo que esta noticia debe de haberte conmocionado. No tienes que responderme ahora, pero debes meditar seriamente en este asunto. En noviembre tomaré posesión de mi nuevo cargo, y me gustaría que hubieses tomado una decisión.

Wilfred tragó saliva de nuevo. Tan solo tenía tres meses.

Tras salir del despacho de su padre vagó sin rumbo por las orillas del Dee, sin dejar de preguntarse cómo iba a descubrir lo que quería hacer el resto de su vida.

Capítulo 3

Una nueva dirección

Wilfred pasó aturdido las siguientes veinticuatro horas. ¡Ganarse la vida! ¿A qué se dedicaría? ¡Y no solo durante un tiempo, sino un año tras otro! Mientras deambulaba por la escuela en medio de la noche sus ojos se volvieron, como habían hecho tantas veces, hacia los trofeos de caza disecados que colgaban de las paredes. De repente, le vino la inspiración. ¡Sería cazador de tigres en la India! De esa forma podría conocer a todos los parientes de su madre y vivir una vida llena de aventuras. Wilfred tenía por entonces diecisiete años, y cuanto más pensaba en ello más le gustaba la idea. Algernon podría llevar la vida gris de un director de escuela, pero él acecharía presas peligrosas a través de la maleza del subcontinente indio.

Sin embargo, cuando le confió a su madre lo que pensaba, esta le concertó una cita con una amiga,

25

viuda de un misionero que había vivido en la India muchos años. Aquella mujer vivía ahora en un pueblo cercano, así que Wilfred montó en su bicicleta y fue a visitarla. Estaba ansioso por explicarle sus planes, pero el resultado de su conversación le dejó descorazonado. La señora Jamison le explicó que la caza del tigre era una diversión que costaba miles de libras, y que solo se permitían algunos ingleses muy ricos, sin ninguna esperanza de recuperar el dinero gastado. Ni él ni nadie podía ganarse la vida en la India cazando tigres.

La señora Jamison sugirió a Wilfred algo distinto: que se hiciera clérigo, o misionero. Wilfred no quiso parecer grosero, pero aquello no entraba en sus planes en absoluto. ¡No había nada en la tierra que le sonase más aburrido!

Mientras pedaleaba hacia Parkgate de vuelta a casa, se sintió cada vez más frustrado. Un joven de su clase no podía hacerse pescador, o aprender un oficio manual; sencillamente aquello no estaba bien visto. Pero, por otro lado, las profesiones que encajaban con su rango social le parecían todas tediosas, así que se sumió en un melancólico silencio.

Al llegar a casa, encontró que su padre estaba esperándolo.

—¿Cómo te han ido las cosas? — le preguntó.

Wilfred se encogió de hombros.

—Por lo visto no es posible ganarse la vida cazando tigres, es algo que no da dinero. La señora Jamison me ha sugerido que me haga clérigo o misionero, pero yo no me veo a mí mismo dedicado a eso el resto de mi vida.

—En ese caso, tengo otra sugerencia que hacerte. ¿Por qué no vas a hablar con el doctor Sharples?

Puede que encuentres interesante la práctica de la medicina.

Wilfred asintió con la cabeza.

—Iré por la mañana. Quizá me guste ser médico.

Al pensar en ello se dio cuenta de que no tenía ni idea de lo que eso suponía. Todo lo que sabía era que el doctor Sharples ejercía en una zona muy amplia y pasaba muchas horas cabalgando de un paciente a otro. Ese detalle ya hacía que el trabajo le resultase atractivo, así que, a la mañana siguiente, Wilfred fue de buen ánimo a visitar al doctor.

Cuando llegó, el señor Sharples aún no había comenzado su ronda matinal de visitas, y dio la bienvenida al joven a su despacho.

—Tu padre me dijo que pasarías a verme —dijo—. Ahora cuéntame, ¿por qué estás pensando en ser médico?

Wilfred se puso colorado. Estaba interesado en saber lo que hacía un médico, pero no había pensado seriamente en estudiar medicina.

El doctor Sharples charló con él sobre lo que tendría que hacer para convertirse en médico, de los libros que tendría que leer y le señaló las cosas que más le gustaban del ejercicio de su profesión. Wilfred permaneció allí sentado escuchando por pura educación, hasta que el doctor se levantó, fue hasta una estantería y tomó un gran tarro de cristal cerrado con una tapa.

—¿Ves esto? —dijo poniendo el tarro junto a Wilfred—. Esta es la llave de todo el cuerpo humano. ¿Sabes lo que es esto, muchacho?

Wilfred observó la masa gris de aspecto gelatinoso que flotaba dentro del tarro.

—No, señor —respondió.

—Es un cerebro; un cerebro humano.

Wilfred se inclinó hacia delante y lo examinó con atención.

—Échale un buen vistazo —siguió diciendo el doctor Sharples—. Ahí dentro ocurren cosas que no podemos ni sospechar. Pero lo que sí sabemos es que el cerebro envía mensajes a la columna vertebral que ordenan cada uno de los movimientos que hacemos. El cerebro valora constantemente lo que hace el cuerpo y realiza determinados ajustes.

Wilfred continuó observando atentamente aquel cerebro conservado en formol. Nunca se le había ocurrido pensar en el cuerpo humano como en una máquina bien ajustada. Había estudiado anatomía en el Marlborough College, pero tener delante de él un cerebro real, en vez del dibujo de un acartonado libro, fue como abrirle todo un mundo nuevo.

Wilfred pasó otros veinte minutos hablando con el doctor Sharples antes de volver a casa. Decidió volver por el camino más largo, a través de la arenosa línea de costa. Se dijo a sí mismo que necesitaba tiempo para pensar antes de ver a sus padres pero, en realidad, ya había tomado una decisión: sería médico y exploraría los intrincados misterios del cuerpo humano.

Cuando le comunicó a su padre lo que había decidido, este se quedó encantado. Le dio a escoger entre ir a Oxford a graduarse en medicina o mudarse a Londres con el resto de la familia y estudiar en la Escuela Médica del Hospital de Londres. A Wilfred no le costó mucho decidirse, prefería acompañar a Londres a sus padres y a Cecil.

Una vez tuvo las cosas claras el tiempo pareció volar, y a principios de noviembre de 1882 los

Grenfell empaquetaron sus pertenencias y partieron hacia la capital.

La vida en la ciudad, lejos de mar, no tenía nada que ver con la de Parkgate. Las calles estaban llenas de ruido, personas, caballos, calesas y coches de caballos. A cada lado de las calles se alineaban pegados unos a otros los edificios de ladrillo, bloqueando el sol y formando esquinas donde acumular todo tipo de basura y desperdicios humanos. Incluso caminar por los muelles de Londres, con el fin de estar lo más cerca posible del agua, constituía una experiencia decepcionante. Las aguas del río Támesis estaban pútridas, eran de un color entre gris y marrón, y tan densas que a Wilfred le maravillaba que pudiesen realmente fluir. Y, por supuesto, estaba esa peste insoportable que perforaba su nariz. Wilfred echaba mucho de menos las corrientes del río Dee, fluyendo por el estuario en dirección al mar.

El 28 de febrero de 1883, cuando cumplió dieciocho años, ya llevaba dos semanas recibiendo enseñanza médica y su desilusión no podía ser mayor. Los estudiantes avanzados le contaron que la Escuela Médica del Hospital, que en realidad era parte de la Universidad de Londres, no era ni mejor ni peor que otras facultades de medicina de Inglaterra, pero a Wilfred le decepcionó completamente su experiencia allí. Los lunes a primera hora de la mañana tenía clase de botánica. El primer día un estudiante derramó una solución de bisulfuro de carbono en la parte delantera del aula, y el olor a huevos podridos fue tan fuerte que hubo que suspender la lección. El segundo lunes alguien trajo dos palomas a clase y las soltó. Los estudiantes se hicieron canutos con los que, a modo de cerbatanas y subidos a los pupitres, intentaron disparar a los pájaros que estaban sobre las vigas.

Tras esa experiencia, Wilfred decidió no volver a molestarse en asistir al aula de botánica. En lugar de ello pagó al registrador de asistencia, que se sentaba todos los días a la puerta de clase para apuntar quién estaba presente, para que le contase como si hubiera asistido. Hizo lo mismo en muchas de sus otras asignaturas, aunque la clase de química sí que le gustaba, pues los estudiantes se dedicaban a inventar nuevos sabores para el ponche de huevo.

Cuando se sentía con ganas estudiaba en casa y cuando llegaban los exámenes utilizaba para aprobar el antiguo sistema de los *preparadores*. Estos eran personas que llevaban muchos años dando vueltas por la universidad, conocían a todos los profesores, sabían cuáles eran sus temas favoritos y estaban al tanto de muchas de las preguntas que solían caer en las pruebas. Incluso se rumoreaba que algunos de los *preparadores* pagaban a los profesores para que les diesen con antelación copias de los exámenes.

Cuando se enteró de que podía contratar a un *preparador* al final del semestre, Wilfred se sintió libre para poder dedicar sus días de universidad a hacer las cosas que más le gustaban, como practicar todo tipo de deportes. Con tanto tiempo libre inició un curso intensivo de musculación. Poco después formaba parte del equipo de remo de la Universidad de Londres, del equipo de boxeo, de los equipos de rugby de su universidad y de Richmond, y del equipo de críquet. ¡Nunca se había divertido tanto en toda su vida!

Wilfred solía levantarse nada más salir el sol y nadar por las mañanas en el río Serpentine. Incluso

en los días en que una lámina de hielo cubría el
agua, la rompía y se zambullía en el río, disfrutando
de la sensación tonificante del agua helada. No tardó mucho en hacerse famoso por sus dotes atléticas.

Con la ayuda de un *preparador*, Wilfred superó
su primer semestre de exámenes. Después se fue a
Parkgate a pasar las vacaciones de verano. Estar de
nuevo en casa y cerca del agua fue para él como un
soplo de aire fresco. Algernon se acababa de graduar
en Oxford y había vuelto para dirigir la Escuela Mostyn House. Sin embargo, ambos hermanos dejaron
a un lado el trabajo y compraron una vieja barca
pesquera con el fin de restaurarla y hacer excursiones de pesca por el mar de Irlanda. Hubo momentos
en que Wilfred consideró seriamente abandonar sus
estudios y quedarse en Parkgate, pero entonces recordaba el deseo de su padre de que consiguiese un
trabajo y se ganase la vida.

Afortunadamente, el segundo semestre de estudios médicos fue más interesante que el primero.
Durante el mismo les permitieron acompañar a los
doctores en sus rondas de visitas a los pacientes.
El Hospital de Londres, con sus novecientas camas,
era uno de los hospitales más grandes y variados de
todo el país. Wilfred fue asignado al doctor Frederick
Treves, quien, a pesar de tener solo treinta años, ya
era bien conocido como un brillante cirujano. Pronto
descubrió que el doctor Treves era un mentor estricto
y meticuloso, seguidor de las revolucionarias ideas
de Joseph Lister. Este último creía que las infeccio-
nes se contagiaban a través de gérmenes invisibles,
y que los médicos que entraban en contacto con una
persona infectada debían ser muy cuidadosos de no
contagiarse con dichos gérmenes y pasárselos a su

vez a otros pacientes. Para evitar que esto sucediera, Lister promovía la desinfección de las heridas con ácido carbólico, para así matar los gérmenes. También insistía en que el instrumental quirúrgico y las manos del cirujano debían esterilizarse con ácido carbólico antes y después de cada intervención.

Muchos de los médicos y estudiantes del Hospital de Londres creían que la idea de esterilizar las cosas era una moda pasajera, pero no así el doctor Treves. Este insistía en que sus pacientes se pusieran batas inmaculadas y en que se lavaran las manos tras haber tocado a un paciente. Al principio, Wilfred consideró todo esto tedioso, pero cuando se enteró de los muchos pacientes a los que el doctor Treves había amputado un miembro y habían sobrevivido y se habían marchado a casa, cambió de opinión. Y cuando supo que el doctor era un apasionado de los deportes, empezó a admirarlo todavía más.

De repente, Wilfred se encontró deseando asistir a clase e incluso ilusionado con realizar visitas a domicilio en los alrededores del hospital. El Hospital de Londres estaba situado en medio de un barrio muy pobre. De hecho, muchos de los que vivían cerca de él no tenían ni siquiera un techo para cubrir sus cabezas o un lugar donde dormir. En aquella zona había treinta y tres mil personas sin hogar, y otras cincuenta mil vivían en albergues para indigentes. Como estas personas eran tan pobres, solía animarse a los estudiantes a que practicaran la medicina con ellos sin cobrarles nada. Precisamente fue después de una de esas visitas a domicilio cuando Wilfred tuvo una experiencia que cambiaría su vida para siempre.

En el otoño de 1884, durante su cuarto semestre, llamaron a Wilfred para que ayudase en un parto en una de las zonas más pobres del East End de Londres. Tras ayudar a una mujer a dar a luz a un bebé raquítico, le habló acerca de cómo debía lavarse las manos cuando fuese a tocar al niño y después inició el camino de vuelta al hospital. Sin embargo, decidió tomar una ruta diferente a la habitual. Giró a su izquierda y tomó una calle débilmente iluminada de Shadwell. Pocos minutos después, tenía ante él una visión de lo más inusual. Justo en medio de un lote de terreno sin edificar y lleno de basura alguien había levantado una carpa enorme de franjas rojas y blancas, y al pasar despacio ante ella pudo ver a cientos de pobres en su interior sentados en silencio. Esto último le pareció a Wilfred incluso más extraordinario que la visión de la propia carpa. Jamás había visto una muchedumbre tal de indigentes comportándose con tanta educación. No tuvo más remedio que intentar averiguar lo que estaba pasando.

Wilfred permaneció en pie en la parte trasera de la carpa. Al mirar por encima de las filas de gente sentada, vio situado al frente a un hombre de aspecto poderoso. Este se encontraba sobre un escenario bajo, y tenía a su izquierda a alguien que estaba hablando, no, en realidad estaba orando. Mientras escuchaba la oración, que parecía no acabar nunca, Wilfred recordó que el famoso predicador estadounidense, D. L. Moody, celebraba por aquellas fechas algunas reuniones en Londres. Así que se dijo a sí mismo que, por supuesto, aquella debía de ser una de esas bulliciosas celebraciones evangelísticas estadounidenses de las que tanto se hablaba en la prensa. Wilfred permaneció allí durante otros dos minutos mientras la larguísima oración continuaba, hasta que llegó un momento en que vio satisfecha su curiosidad y se dio la vuelta para marcharse. Fue entonces cuando escuchó la voz atronadora de Moody.

—Cantemos un himno mientras nuestro hermano termina su oración. Numero treinta y tres, «Roca de la eternidad».

Cuando empezó el himno, que ahogó la extensa oración de aquel hombre, Wilfred soltó una carcajada. No pudo sino admirar la forma en que Moody había conseguido hacer avanzar el programa del servicio religioso.

Un niño sentado en la última fila se hizo un poco a un lado y le hizo señas para que se sentase. Wilfred se deslizó en el asiento, pronto el himno había terminado y D. L. Moody comenzó a predicar. Hubo algo en su mensaje que le impactó profundamente, y aunque no pasó adelante cuando Moody instó a todos los «pecadores» a hacerlo, aquella noche tuvo mucho en lo que pensar. A pesar de las miles de veces que había asistido a la iglesia a lo largo de los años, era la primera vez que sentía que había entendido el mensaje del evangelio.

Sin embargo, a medida que transcurrieron las semanas su amor por los deportes acabó por desplazar cualquier pensamiento acerca de Dios, y las palabras de Moody fueron desvaneciéndose poco a poco de su mente.

Además, Wilfred tuvo también otro asunto con el que ocupar sus pensamientos: su padre estaba enfermo. De hecho, tan enfermo que tuvo que dejar su puesto en el hospital y ser internado en una residencia de cuidados médicos situada en el norte de Gales. La madre de Wilfred se alojó en una casa de huéspedes cercana para poder visitar diariamente a su marido. Por desgracia, no había mucho que se pudiera hacer, y el reverendo Algernon Grenfell dejó este mundo en enero de 1885.

Para Wilfred aquello supuso un golpe devastador, y las palabras de Moody acudieron una vez más a su mente. Precisamente por entonces, pocos días después del funeral de su padre, vio un cartel por la calle que anunciaba que Moody estaba de vuelta en Londres, acompañado esta vez por un grupo de jóvenes conocido como «los siete de Cambridge». En toda Inglaterra no había un solo aficionado a los deportes que no hubiese oído hablar de los siete de Cambridge, siete hombres jóvenes de familias ricas que habían destacado en los deportes o en el ejército. Uno de ellos había jugado al críquet en el equipo de Inglaterra, otros habían formado parte del equipo de remo de Oxford, otro había pertenecido a los dragones de la guardia real y servido como oficial del cuerpo de artillería. Los siete habían revolucionado el concepto de misiones al presentarse voluntarios para trabajar en China con Hudson Taylor y su Misión al Interior de China. Algunas personas no dejaban de comentar lo peligroso que era ir allí y la desgracia que supondría si los mataban a todos o morían a causa de alguna enfermedad. Otros alababan su decisión como un acto heroico de servicio cristiano.

Wilfred no estaba seguro de qué debía pensar de todo aquello, pero cuando leyó el cartel decidió ir a escuchar lo que tenían que decir, y aquella misma noche se sentó en una carpa abarrotada y pudo ver a los siete de Cambridge.

Uno a uno fueron presentados a la audiencia, tras lo cual uno de ellos, C. T. Studd, el famoso jugador de críquet, se levantó a hablar a los asistentes. Su voz resonó firme:

—Hace un año, mi hermano George estaba muy enfermo. De hecho, el médico nos dijo que no había esperanza para él. George y yo habíamos jugado juntos en el equipo inglés de críquet contra Australia. Mientras permanecía sentado hora tras hora junto a su lecho, viéndole permanecer entre la vida y la muerte, mis pensamientos me atormentaban. Me preguntaba, ¿de qué le sirve ahora a George la popularidad de la que goza en el mundo? ¿Qué puede hacer por él la fama? ¿Qué sentido tiene poseer todas las cosas que el mundo puede ofrecer, cuando llega el momento de enfrentarse a la eternidad? Y a medida que meditaba en estas cosas, una voz parecía decirme: «Vanidad de vanidades, todo es vanidad. Solo aquellas cosas hechas para Cristo permanecen más allá de la tumba». Milagrosamente, George pudo recuperarse, pero aquella enfermedad me dejó con muchas preguntas acerca de mi propio futuro.

Aunque Studd se trastabilló al hablar unas pocas veces, a Wilfred le fascinaron algunas de las cosas que dijo. Como hacía poco que había enterrado a su propio padre, se dio cuenta de que tenía pensamientos similares a los que acababa de escuchar.

Studd prosiguió:

—En aquel tiempo empecé a pensar acerca de mi propia vida. Por supuesto, había ido a la iglesia desde muy pequeño. Incluso había escuchado hablar a Moody anteriormente, pero nunca había pensado que Dios fuese el dueño de mi vida. Entonces, un día me sentí desafiado a entregarle toda mi vida a Cristo. Me arrodillé en ese mismo momento y lugar y le pedí a Dios que tomara mi vida. Le prometí que confiaría en Él y le pedí que me llevara donde Él quisiera. Desde ese momento mi vida ha sido diferente. Me ha dado gozo indescriptible y una paz que sobrepasa todo entendimiento.

Studd habló algo más, pero Wilfred ya había escuchado bastante. Quería tener el mismo tipo de fe que poseía su héroe del críquet. Esta vez se prometió a sí mismo que no dejaría la reunión de Moody hasta encontrar esa fe.

No obstante, a medida que la reunión iba concluyendo Wilfred encontró sorprendentemente difícil cumplir su promesa. Studd hizo un llamamiento para que se pusieran en pie los que quisieran hacer profesión de fe en Cristo. De repente Wilfred sintió como si estuviera pegado a su asiento. No era capaz de levantarse delante de una multitud de miles de desconocidos. En ese momento, un adolescente con uniforme de marinero se puso en pie delante de él. Wilfred quedó admirado por el valor de aquel muchacho, sabiendo que al dar aquel paso se convertiría seguramente en el objeto de las burlas de sus compañeros. Pero su admiración no tardó en convertirse en vergüenza al darse cuenta de la mucha importancia que daba a lo que los demás pensaran de él. Podía sumergirse tan contento en aguas heladas o escalar un abrupto acantilado, pero en lo que respecta a Cristo era un cobarde. Con su corazón latiendo salvajemente, Wilfred se las arregló finalmente para ponerse en pie.

«Ya está, lo he hecho», se dijo a sí mismo. Al igual que los siete de Cambridge, Wilfred Grenfell seguiría a Cristo allí donde Él quisiese llevarlo. Por aquel entonces no tenía ni la más remota idea de dónde podría ser eso.

Capítulo 4

Algo bastante diferente

En febrero de 1885, a comienzos del quinto semestre de Wilfred en la escuela de medicina, su madre se encontraba todavía en Londres resolviendo algunos asuntos de su padre, antes de mudarse de vuelta a Parkgate para vivir con Algernon, cuando Wilfred acudió a ella en busca de consejo.

—Me gustaría servir a Cristo, pero no sé qué podría hacer. ¿Tienes alguna idea? —preguntó.

Su madre sirvió dos tazas de té y se sentó junto a él en el sofá de piel.

—La iglesia es siempre un buen lugar donde empezar. ¿Por qué no hablas con el reverendo Barraclough de San Judas y le preguntas si necesita ayuda?

Wilfred pensó que aquella era una buena idea, así que al día siguiente fue a visitar al vicario anglicano. Al regresar de su visita tenía un nuevo puesto: aceptó ser el encargado de la escuela dominical de los jovencitos.

Al principio, aquello constituyó una tarea bastante simple: preparar una lección bíblica para impartirla a los chicos las mañanas de domingo y dirigirles mientras cantaban varias canciones. Pero poco después Wilfred empezó a dudar de que estuviese teniendo mucho efecto sobre las vidas de aquellos chicos de nueve y diez años. De alguna forma, parecía no estar conectando con ellos. Los chicos eran bastante educados, la mayoría provenía de familias respetables de clase media, pero Wilfred no conseguía encontrar un modo de hacer que la fe cristiana les resultara emocionante. Llegó a la conclusión evidente de que se aburrían, y los chicos que se aburren no suelen prestar atención. Entonces se le ocurrió una idea. ¿Qué tal si los sacaba del entorno de la iglesia y les enseñaba algunas habilidades deportivas? De esa forma podría conocerlos mejor y encontrar oportunidades para dar testimonio de su fe.

En aquella época Wilfred compartía una casa con otros cuatro estudiantes de medicina, y ninguno de ellos usaba el salón, así que Wilfred les pidió permiso para transformarlo en un gimnasio. Le compró a un carpintero unas pértigas (barras de madera) y construyó él mismo unas barras paralelas, poniendo debajo de ellas un par de colchones que alguien le había regalado. Cuando todo estuvo listo, Wilfred invitó a todos los chicos de la escuela dominical y sus amigos a una «velada de deportes», a celebrarse en su casa cada sábado por la tarde. Wilfred prometió enseñarles boxeo, musculación y gimnasia.

El primer sábado aparecieron veinte chicos, y a finales de marzo allí se agolpaban cincuenta chavales, todos ansiosos por recibir sus lecciones. Cada sesión comenzaba y terminaba con una lectura bíblica y oración, y Wilfred estaba convencido de que los chicos prestaban mucha más atención a aquellas lecturas que a nada de lo que hacían durante la escuela dominical.

Las cosas marcharon bien hasta que un domingo por la mañana el reverendo Barraclough llamó a Wilfred para hablar a solas.

—He oído que has organizado un club de deportes los sábados por la noche —dijo el vicario con tono severo.

—Sí, y lo cierto es que marcha muy bien —respondió Wilfred.

—¿Y qué deportes estás enseñando a los muchachos?

—No tengo todo el espacio que me gustaría —dijo Wilfred—, así que por ahora me limito al boxeo y la gimnasia. Sin embargo, si conoce alguna instalación disponible... —Su voz se fue apagando a medida que notaba el ceño fruncido en la cara de su interlocutor.

—Eso no será necesario —replicó bruscamente el vicario—. Te pedí que dieses una simple clase de escuela dominical, no que enseñases a las hordas de muchachos un deporte brutal como el boxeo. Debes terminar con esas clases inmediatamente.

Wilfred sintió el impacto de aquellas palabras con la misma intensidad con que habría sentido el golpe bien dirigido de un púgil. Hizo que su mente se tambalease, y tardó un minuto en pensar una respuesta.

—Pero cuando los muchachos están en mi casa les leo la Biblia y encuentro formas naturales de enseñar mi fe a ellos. Además, no hay nada brutal en el boxeo. Todos compiten según las reglas y desarrollan unos músculos fuertes, que pueden utilizar para defenderse a sí mismos. ¿Por qué no viene usted este sábado y lo comprueba en persona?

El reverendo Barraclough le miró con ojos desorbitados.

—Señor Grenfell, creo que he sido suficientemente claro. No tengo la más mínima intención de visitar su gimnasio. Debe usted detener inmediatamente las actividades de los sábados o tendré que pedirle que renuncie a su puesto.

—Pues cuente usted con mi renuncia —replicó bruscamente Wilfred, al tiempo que se giraba y caminaba hacia la puerta.

Cuando llegó a su casa, Wilfred se encontraba todavía conmocionado por el giro que habían dado los acontecimientos. Le contó sus problemas a uno de los estudiantes que vivían con él, un australiano llamado Arthur Bobardt. Como Wilfred, Arthur era cristiano, aunque tenía una forma muy diferente de mostrar su fe. Cada sábado por la noche tomaba su Biblia y un pequeño armonio y cantaba y predicaba en las zonas más pobres del East End de Londres.

—¿Por qué no vienes conmigo? —le preguntó Arthur.

Ahora que sus veladas deportivas de los sábados habían sido prohibidas, Wilfred no tenía nada que hacer, así que accedió a acompañarlo.

Aquella experiencia fue mucho más estimulante de lo que había imaginado. Arthur y él se aventuraron por las tabernas más duras de la ciudad, donde les escupieron y les gritaron. A veces, algún borracho les lanzaba un puñetazo, y era en esas ocasiones cuando les era más útil la habilidad de Wilfred con el boxeo. Predicaban en las esquinas de las calles y se sentaban en las alcantarillas para hablar con los deshollinadores más pobres y las vendedoras de flores acerca de cómo Jesucristo podía cambiar sus vidas.

No tardaron mucho en sentir que tenían que hacer algo más que hablar, así que empezaron un club para chicos en Ratcliff Highway. El club fue un éxito desde su inicio, aunque, por supuesto, tuvieron algunos problemas. Algunos de los muchachos robaban todo aquello que no estuviese firmemente anclado al suelo y en poco tiempo aprendieron a imitar la firma de Wilfred para escribir pagarés y utilizarlos en las tiendas del barrio. Pero dicho comportamiento solo consiguió reforzar en Wilfred la idea de que aquellos chicos necesitaban hombres cristianos como modelos masculinos. Poco después Arthur y él se habían ganado el respeto de los muchachos, y poco a poco todos ellos fueron aceptando el evangelio.

Cuando no estaba con los chicos, Wilfred trabajaba duro en la escuela de medicina. Ahora que era cristiano, no le parecía correcto sobornar al *registrador* de asistencia para que le contara como presente cuando en realidad no lo estaba. Tampoco le parecía bien utilizar *preparadores* para ayudarle a superar los exámenes. En lugar de ello, Wilfred decidió asistir a todas las clases y llevar a cabo todas las prácticas asignadas. Esto agradó a su consejero, el doctor Treves, y ambos se hicieron buenos amigos.

A medida que se aproximaban las vacaciones de verano, Wilfred empezó a pensar lo mucho que disfrutarían algunos de los chicos del club de la vida rigurosa que practicaba, vadeando el estuario y navegando por la bahía. Pensó en lo mucho que le gustaría escalar la salvaje costa rocosa en compañía de los chicos, y enseñarles a disfrutar del sabor de los langostinos frescos recién capturados, y del olor de las marismas saladas.

Cuanto más pensaba en ello, menos razones veía para no llevarse a pasar el verano con él a Parkgate a una docena o más de chicos. Empezó por animarles a que ahorrasen sus pagas y les prometió que si lo hacían se los llevaría a disfrutar de un viaje de acampada que no olvidarían jamás.

Aquel verano se llevó a trece chicos a Parkgate. Cruzaron la bahía y acamparon en la costa de Gales, durmiendo en tiendas de campaña. Wilfred puso como norma que los chicos debían bañarse en el océano todas las mañanas antes de desayunar. También les enseñó a nadar, y cuando estuvo satisfecho con sus habilidades natatorias, se los llevó de pesca por la bahía, donde capturaron su cena. Los chicos y él pasaron un tiempo maravilloso juntos, pero el momento de volver a Londres llegó rápidamente, y en otoño de 1885 Wilfred dio inicio al último semestre de estudios en la escuela de medicina.

Apenas había puesto un pie en Londres cuando fue a visitarlo el reverendo William Davies, el nuevo vicario de San Judas.

—He sabido del trabajo que ha realizado con los chicos de la parroquia —empezó diciendo—, y debo reconocer que estoy muy impresionado. Resulta difícil mantener ocupadas a las mentes jóvenes. Al fin y al cabo, están unidas a cuerpos jóvenes. Me parece que ha conseguido usted encontrar un buen equilibrio.

—Gracias —respondió Wilfred, sin estar muy seguro de adónde conduciría aquella conversación.

—Supongo que se estará preguntando la razón de mi visita. En realidad es muy simple. Estamos iniciando un nuevo club en la iglesia. Se trata de un club de chicos, una especie de brigada, y me preguntaba si estaría usted dispuesto a dirigirla.

—Cuénteme más acerca de ella —dijo Wilfred cautelosamente.

—Sería usted quien decidiese el contenido. Lo único que necesitamos es algo que mantenga ocupados a los muchachos y nos permita enseñarles uno o dos principios de vida en un ambiente cristiano. Algo parecido a lo que intentó usted hacer con su club deportivo, me imagino.

—Supongo que sabe usted que tuve, digamos... ciertos problemas con el anterior vicario —dijo Wilfred.

—Por supuesto, cada uno tenemos nuestra propia forma de hacer las cosas. Estoy seguro de que su intención era buena, pero desde mi punto de vista, tenemos una gran necesidad de tener un club de chicos.

—Entonces, lo intentaré —dijo Wilfred.

Desde que dejara de trabajar en la iglesia se había preguntado qué sería de los chicos, y se alegró de tener la oportunidad de volver a verlos.

Esta vez fundaron un club en condiciones, con el doctor Treves como presidente, Wilfred de vicepresidente y su amigo Henry Richard de secretario. Todo marchó muy bien desde el principio, y muchos chicos, tanto de la iglesia como de fuera de ella, se unieron al club.

En febrero de 1886, Wilfred aprobó el examen final y fue aceptado como miembro del Colegio Real de Médicos y del Colegio Real de Cirujanos, así que, con sólo veintiún años, pasó a ser el doctor Wilfred Grenfell. Su madre y Algernon viajaron a Londres para la ceremonia de graduación; su única pena fue que su padre no pudiera estar presente.

Ahora que ya era médico, Wilfred recibió una oferta para convertirse en cirujano residente del Hospital de Londres, bajo la guía del doctor Treves. Aceptó el puesto y sus tareas en el hospital, sumadas al trabajo que desarrollaba en el club, le mantuvieron muy ocupado.

Sin embargo, a mediados de 1887, Wilfred renunció a su empleo y llevó a otro grupo de emocionados muchachos londinenses a Parkgate a pasar unas vacaciones de verano. Al mismo tiempo, hacía planes para hacer realidad un antiguo sueño. Cuando terminó el verano, partió a Oxford para estudiar en el Queen's College. Allí sobresalió en los deportes, siendo galardonado con el Rugby Blue, una distinción que se concedía a aquellos que demostrasen grandes dotes deportivas. Pero a pesar de distinguirse en Oxford jugando al rugby y a otros deportes, a Wilfred no le satisfizo aquel estilo de vida, así que tras un semestre en el Queen's College decidió dejar la universidad.

Ahora el problema era decidir qué hacer a continuación. Sabía que podía volver a Londres y trabajar entre los pobres del East End, o conseguir un trabajo como médico en algún área rural. Pero ninguno de los puestos que se le ofrecieron le resultó atractivo. De alguna forma, estaba convencido de que Dios tenía algo diferente para él, de que le esperaba algo que nadie había hecho nunca antes, así que anhelaba descubrir qué era.

Capítulo 5

En el mar del Norte

—Siéntate, Wilfred. Hay un asunto que me gustaría discutir contigo —dijo el doctor Treves.

Wilfred se sentó obedientemente en la extremadamente mullida silla de piel del despacho del doctor.

—Tengo algo emocionante de lo que quisiera hablarte, algo que pienso que te encajaría como anillo al dedo. ¿Has oído hablar de las flotas pesqueras de altura que faenan en el mar del Norte?

Wilfred asintió.

—Sí, en el hospital conocí a varios pescadores que trabajaban allí. La mayoría presentaba huesos rotos o cortes profundos infectados. Algunos se encontraban en malas condiciones debido a lo mucho que habían tardado en ser llevados al hospital. Recuerdo un caso, el que más se demoró, en el que tardaron quince días en traerlo. Tuvimos que amputarle la pierna.

47

—Precisamente de eso es de lo que quería hablarte —siguió diciendo el doctor Treves inclinándose hacia delante en su silla—. Hace seis años, el propietario de una de las compañías pesqueras fue a ver a un tal señor Ebenezer Mather para pedirle que hiciera trabajo misionero entre los pescadores de la flota del mar del Norte. Allí suele haber en todo momento unos veinte mil pescadores trabajando en el mar, y los temidos copers, pequeñas embarcaciones de Holanda y Bélgica, salen a su encuentro para venderles licor y tabaco. El tabaco no produce tanto mal, pero un barco pesquero de arrastre que faena en alta mar no es lugar para un marinero borracho. Las reyertas y el tiempo perdido crean un sin fin de problemas. Algunos de los marineros incluso llegan a cambiar sus equipos de pesca por grog (licor), y luego les cuentan a los dueños de los barcos que las perdieron en una tormenta. La situación allí es muy mala.

—Eso parece —respondió Wilfred—. ¿Llegó el señor Mather a empezar su trabajo misionero?

—Sí. Se puso en contacto con la Misión nacional para los pescadores de altura y recaudó el suficiente dinero como para comprar un pequeño barco de un mástil llamado *La enseña*. Con él se dirigió hacia los barcos arrastreros para dirigir lecturas bíblicas y hablar con los marineros acerca del evangelio. Esto produjo ciertos resultados, e incluso convenció a algunos de los propietarios para que diesen la orden de que no se pescase en domingo. Aquellos barcos que empezaron a respetar el día de descanso del Señor hacían mayores capturas semanales que los que trabajaban siete días a la semana.

—Maravilloso —respondió Wilfred—. Ese es el tipo de trabajo que me encantaría hacer —añadió. Mientras, el doctor Treves le miraba complacido.

—Imaginaba que dirías eso— comentó el doctor—. De hecho, la misión ha decidido ampliar la obra de forma experimental. Quieren llevar un médico a bordo del barco, de forma que los marineros puedan recibir cuidados allí mismo. Así se podrían salvar muchas vidas, y los barcos misioneros serían aún mejor recibidos entre los arrastreros. ¿Qué opinas? ¿Aceptas el desafío?

Wilfred rió.

—¡Naturalmente! ¿Cuándo puedo empezar?

El doctor Treves también rió.

—Un nuevo barco, el *Thomas Grey*, parte desde Gorleston a principios de enero. Navegar por el mar del Norte en lo más crudo del invierno pondrá a prueba tu temple. No tardarás mucho en descubrir si puedes soportar ese tipo de vida. ¿Puedo informarles entonces de que irás?

—Sin duda de ningún tipo —respondió Wilfred—. Esto es justo lo que estaba esperando.

Tras trabajar durante nueve meses como cirujano residente en el Hospital de Londres y esperar a que se presentase la oportunidad correcta, Wilfred estaba ansioso por comenzar su nuevo desafío. Durante las semanas siguientes dejó resueltos sus asuntos en Londres y cedió sus responsabilidades en el club de chicos a otro joven estudiante cristiano, que aceptó gustosamente el encargo. Después volvió a Parkgate a pasar las navidades. Finalmente, el 1 de enero de 1888, partió en tren hacia Londres. En la estación de la calle Liverpool, tomó otro convoy hacia Yarmouth, en la costa este de Inglaterra.

El tren llegó allí a primera hora de la tarde. Cuando bajo a la plataforma de la estación caía una lluvia constante y el viento se arremolinaba en torno a

Wilfred. Allí le esperaba, para recibirlo y acompañarlo al barco atracado cerca de Gorleston, un marinero ataviado con un chubasquero impermeable. Cuando llegaron al puerto, Wilfred recorrió el horizonte con la vista buscando el *Thomas Grey*, pero no consiguió ver ningún barco lo suficientemente grande.

—¿Dónde está atracado el bote? —preguntó al marinero que le acompañaba.

—Allí abajo —respondió este señalando la punta de los mástiles que sobresalían por encima del muelle—. Esta noche la marea es particularmente baja.

Sorprendido, Wilfred caminó hasta el borde del muelle y miró hacia abajo. Allí estaba el *Thomas Grey*. Tragó saliva. Había esperado un barco grande, pero aquella embarcación no era mucho mayor que la barcaza pesquera en la que él y Algernon habían navegado por el estuario del Dee. Apenas parecía lo suficientemente grande como para sobrevivir a las turbulentas aguas del mar del Norte.

Wilfred arrojó su equipaje a la cubierta y se deslizó tras él por el penol. Hasta que no llegó al suelo no se dio cuenta de que el penol acababa de ser engrasado y alquitranado para el viaje por mar que les esperaba, por lo que ahora su traje estaba todo manchado de grasa y alquitrán.

El capitán fue a su encuentro y se presentó a sí mismo, acompañándolo hasta su pequeño camarote bajo cubierta. Wilfred durmió profundamente en su nuevo aposento y, a la mañana siguiente, el *Thomas Grey* se echó a la mar.

El primer puerto de escala fue Ostende, en Bélgica, donde el capitán quería comprar productos libres de impuestos para vendérselos a los pescadores a cambio de un pequeño margen. Incluso ese primer

trayecto ya puso a prueba el compromiso de Wilfred
con su nueva vocación. Hacía un frío glacial, de hecho era uno de los inviernos más fríos de los últimos
años, y pronto descubrió que navegar en alta mar en
mitad del invierno era muy diferente a dar vueltas de
placer en un bote durante el verano, por las aguas
de los alrededores de Parkgate.

Para su gran sorpresa, el primer día de viaje se
mareó. Su estómago se revolvía con cada subida y
bajada de la embarcación. La única fuente de calor
de su camarote provenía de una pequeña estufa de
aceite cuyos fuertes humos solo conseguían hacerle
sentir peor. Pronto no tuvo más remedio que apagar
la estufa, y al despertar por la mañana el segundo
día de viaje descubrió que se habían formado témpanos de hielo en el techo de su camarote. Decidido
a no dejarse derrotar por el mareo, pensó que lo que
necesitaba era ejercicio físico. Así que se arrastró
hasta cubierta y forzó a su cuerpo a correr por todo
el perímetro del barco.

Fue toda una proeza, ya que el pequeño bote
cabeceaba de un lado a otro y la cubierta estaba
continuamente empapada de agua de mar que se
transformaba en hielo. Pero, tras media hora de actividad, Wilfred comenzó a sentirse un poco mejor.
Hasta la hora del almuerzo permaneció en cubierta
hablando con el capitán sobre la navegación.

El barco llegó a Ostende en dos días y medio, y
Wilfred se alegró de ver nuevamente tierra firme.
Escribió a su madre a casa, diciendo: «Me gustaría
ser mejor marino, y espero que este viaje consi-
ga producir ese efecto, ya que me va a resultar
imposible curar a los demás si yo mismo estoy
enfermo».

Era la primera vez que Wilfred salía del Reino Unido y esperaba con expectación su primer contacto con el pueblo flamenco. Tan pronto como el *Thomas Grey* atracó en Ostende, bajo a tierra y empezó a hacer amigos. No tardó mucho en patinar con ellos por los canales helados.

El tiempo continuó empeorando cada vez, y cuando terminaron de cargar las cuatro toneladas de provisiones que llevaba el barco, el navío había quedado firmemente atascado en el hielo. Un barco de vapor que también se dirigía a alta mar, tuvo la amabilidad de romper las placas lo suficiente como para que el capitán del *Thomas Grey* soltase amarras y pudiese maniobrar hasta el profundo canal que llevaba a mar abierto. Si todo iba bien, volverían a ver tierra al cabo de ocho semanas

Para su gran alivio, Wilfred dejó de marearse, algo muy conveniente, ya que iban rumbo a uno de los mares más turbulentos del mundo. El llamado mar del Norte constituía una extensión de agua de poca profundidad, en ocasiones parecía más bien un puente de tierra apenas sumergido que uniese Inglaterra con el continente europeo. Pero al ser tan poco profundo, tan pronto comenzaba una tormenta las aguas se agitaban formando olas enormes.

Cada mañana, sin hacer caso al frío, Wilfred se desnudaba y se daba un baño de nieve en la cubierta del barco. A sus acompañantes les costaba creer que alguien pudiese hacer aquello voluntariamente, pero Wilfred les explicó que era bueno para la circulación. Además, tras el almuerzo, hacía gimnasia en la cubierta de proa, lo que también dejaba maravillada al resto de la tripulación.

Cinco días después de partir de Ostende el capitán gritó:

—¡Flota a la vista!

Wilfred miró con atención a través de las olas. Ciertamente, a estribor podía divisarse la forma de un pequeño velero de un mástil que subía y bajaba en medio del océano revuelto, después vieron otro, y luego otro más. Cada uno de ellos enarbolaba la bandera verde y roja de la misma flota.

—¿Vamos a subir a bordo? —preguntó Wilfred al capitán.

—No mientras tengan bajadas las redes, doctor —respondió este—. Incluso el más piadoso de los capitanes recibiría con desagrado nuestra visita en estos momentos. Permaneceremos juntos a ellos en formación, echaremos nuestras propias redes a un lado, y pescaremos un poco también nosotros. Cuando subamos a cubierta las redes y hayamos almacenado las capturas, habrá llegado el momento de las visitas.

Wilfred ayudó a bajar las redes del *Thomas Grey* sobre la popa del barco. Una vez que estuvieron en el agua, el capitán ordenó izar las velas y la nave empezó a pescar por arrastre capturas de bacalao.

Cuando el «almirante», es decir, la persona encargada de coordinar las acciones de la flota de pesca, lanzó una bengala, llegó para todos el momento de empezar a tirar de las redes. Fue un trabajo duro y agotador, y Wilfred arrimó el hombro para ayudar a la tripulación. Poco a poco la red empezó a emerger de las heladas y grises aguas del mar del Norte, hasta que solo quedó en el agua el extremo que contenía el bacalao, el final de la red, donde los peces quedaban atrapados. Entonces la sujetaron con cuerdas de alambre y la levantaron balanceándola sobre cubierta. Uno de los tripulantes desató ágilmente el nudo que cerraba el extremo de la red, y el bacalao se derramó sobre el suelo. Había llegado el momento de destripar y procesar el pescado dejándolo listo para llevarlo al mercado. Era una tarea sucia y peligrosa, ya que los pescadores tenían que manejar cuchillos muy afilados al tiempo que eran balanceados de un lado a otro por el océano. Una vez más, Wilfred se ofreció voluntariamente a colaborar, ansioso por aprender todo lo que pudiese sobre la pesca en el mar del Norte.

Finalmente, todo el bacalao estuvo procesado y listo para ser transportado al mercado por los botes cargueros que daban servicio a la flota de pesca. El dinero conseguido con la venta del pescado capturado por la tripulación del *Thomas Grey* ayudaba a financiar el trabajo de The National Mission to Deep Sea Fishermen.

No mucho después de haber subido las redes a bordo de la embarcación, llegó también el primer paciente para que Wilfred lo tratase. Era un chico de doce años que tenía un anzuelo clavado en una mano. Lo habían transportado hasta el *Thomas Grey* en un pequeño bote que cabeceaba y se agitaba chocando contra el costado del barco mientras el chico escalaba precariamente por una escalera de cuerda utilizando su única mano sana.

Wilfred retiró cuidadosamente el gran anzuelo que estaba introducido profundamente en la palma de la mano derecha del chico. Una vez que retirado, vendó la herida y la envolvió con una venda gruesa. Después supo que el chico no tenía un gorro con el que mantener calientes sus orejas frente al frío agudo del viento invernal, así que Wilfred encontró rápidamente uno entre las provisiones que llevaba el *Thomas Grey* para situaciones de ese tipo. Pronto el muchacho estuvo de vuelta en su pesquero, con su mano firmemente vendada y un nuevo y caliente gorro de lana calado hasta las orejas.

Dos hombres más fueron transportados hasta el *Thomas Grey*. Ambos estaban en la veintena. Uno de ellos había resultado herido al ser golpeado por una botavara suelta, y el otro tenía llagas infectadas en su espalda y en su cuello allí donde su chubasquero había rozado su piel desnuda. El primero de los hombres no solo presentaba un desagradable corte en el lado de su cara donde le había golpeado la botavara, sino que también se había roto el brazo izquierdo y, tras examinarlo más detenidamente, descubrió que tenía dos costillas aplastadas. Wilfred comenzó a trabajar, primero componiendo el brazo roto y después tratando el corte. Finalmente, envolvió con vendajes el torso del hombre para asegurar sus costillas fracturadas.

Después pasó al próximo paciente. Su dolencia era bastante habitual entre los cerca de veinte mil pescadores que trabajaban en alguno de los trescientos arrastreros y pesqueros del mar del Norte. Los pescadores pensaban que bañarse mientras uno estaba en alta mar atraía la mala suerte. Por ello vestían las mismas ropas, a menudo empapadas, hasta tres meses seguidos. La ropa húmeda y los chubasqueros solían ocasionarles rozaduras que, debido a las condiciones antihigiénicas que había a bordo, acababan infectándose. Como Wilfred era el único médico al que podían acudir los miembros de las flotas pesqueras, no tardó mucho en ocupar la mayor parte de su tiempo vendando ese tipo de heridas.

Cuando volvieron a Gorleston, Wilfred Grenfell estaba convencido de una cosa: trabajar con los pescadores era la misión de su vida. Firmó para hacer otro viaje con las flotas pesqueras y al llegar las navidades de 1888 se había transformado en un valioso miembro de The National Mission to Deep Sea Fishermen. De hecho, tan valioso que Ebenezer Mather le ofreció un puesto permanente y un sueldo de trescientas libras anuales que Wilfred aceptó con entusiasmo.

Al cabo de un año, Wilfred había ascendido todo el escalafón hasta transformarse en superintendente de la misión, y estaba encargado de todas las actividades relacionadas con los barcos y tripulaciones que iban y venían desde Gorleston. Aquella nueva responsabilidad significó que tener que residir permanentemente allí, y encontró alojamiento en el hogar de William Cockrill, un prominente arquitecto que se había construido una casa espaciosa sobre un acantilado, con vistas al río Yare y al mar del Norte.

Un día, mientras estaba sentado contemplando la vista desde la ventana de su nueva sala de estar, tuvo que admitir que por muy bonitos que fuesen los alrededores y el paisaje, él prefería estar en el mar. Para él, refugiarse en la celda de su camarote helado mientras las olas hacían que el barco cabecease y se balancease, era mucho más emocionante que estar la mayor parte del tiempo embarrancado en tierra ocupándose de tareas administrativas. Sin embargo, sabía que en aquel momento era allí donde era más necesario.

Wilfred no cortó totalmente sus lazos con el océano. Cada mañana, fuese invierno o verano, descendía por el acantilado hasta el mar y se zambullía en las olas para darse un baño tonificante. También se construyó una pequeña canoa de tela a la que llamó *No-me-vuelques,* y en los días más tormentosos se echaba a la mar y remaba adentrándose en el océano.

El alcohol era uno de los mayores enemigos de los pescadores. Al tocar puerto recibían su paga y se iban directamente a las tabernas donde se bebían buena parte de su sueldo, dejando a menudo a sus esposas e hijos sin dinero suficiente para comprar comida o ropa. Wilfred decidió tomar cartas en el asunto. Aprovechando que había quedado disponible en Gorleston una antigua sala de reuniones para marinos consiguió que The National Mission to Deep Sea Fishermen se hiciese cargo de las instalaciones y formó un club de pescadores. Este tuvo un gran éxito, y pronto el edificio bullía de marinos que iban a jugar juegos de mesa, leer y hablar con la gente acerca de su fe, y todo ello en un entorno sin alcohol.

La fuerte personalidad de Wilfred, que tanto hacía para atraer pescadores al club, era también de gran valor a la hora de levantar fondos. Mantener en funcionamiento un ministerio como el de The National Mission to Deep Sea Fishermen requería un montón de dinero y, a sus otras responsabilidades, Wilfred añadió la de viajar por el país para dar conferencias en iglesias y casas particulares acerca del trabajo de la misión, y pedirle a la gente que lo apoyase económicamente. Su forma sencilla de hablar resultaba emocionante y prendía la atención, contando historias sobre la forma práctica en la que la misión intentaba demostrar el mensaje del evangelio entre los pescadores del Mar del Norte. Esta forma de abordar el asunto le hacía ganarse el favor de su auditorio, que se ofrecía voluntario para sostener

financieramente a la misión. Wilfred se sentía grati-
ficado por la generosidad de la gente, y esperaba ex-
pectante los nuevos desafíos que la misión pudiese
ofrecerle.

Capítulo 6

Labrador

—¿Has visto ya el ejemplar de este mes de *Traba-jadores del mar*? —le preguntó William Cockrill a Wilfred.

Trabajadores del mar era la revista oficial de la The National Mission to Deep Sea Fishermen, y Wilfred aún no había hojeado el último número.

—No —respondió—, he pasado todo el día abajo, en el cobertizo de los botes. ¿Tiene un buen artículo?

—¡¿Que si tiene un buen artículo?! —exclamó William—. Si no me equivoco, este artículo va a provocar una conmoción en toda Inglaterra. Trata de las condiciones de vida miserables que se dan en la costa de Labrador. Cuesta creer que haya gente en una colonia británica que lleve una vida tan desesperada. Aquí está, échale un vistazo.

Wilfred se inclinó sobre la revista que estaba abierta por el artículo escrito por Francis Hopwood y empezó a leer. El autor acababa de visitar la costa de Labrador y describía en detalle las condiciones deplorables en las que había encontrado a sus habitantes.

Cuando terminó la lectura, Wilfred soltó un silbido.

—Estoy de acuerdo contigo. Esto va a agitar las conciencias. El ministro de la Iglesia de Inglaterra en San Juan de Terranova lleva años escribiendo a la misión en busca de ayuda, pero nunca hemos tenido fondos suficientes como para ir allí. Si Dios quiere, el artículo de Hopwood cambiará la situación. Esta gente parece realmente estar en unas condiciones muy malas.

Durante las dos semanas siguientes aquel artículo produjo un gran interés, no solo en Gran Bretaña, sino también en Canadá y en Estados Unidos. Fue reimpreso en todos los periódicos importantes de estos países y un clamor público de indignación se levantó contra las terribles condiciones en las que trabajaban los pescadores. El dinero empezó a llegar a The National Mission to Deep Sea Fishermen, destinado específicamente al trabajo entre los que faenaban en Labrador.

Dicho clamor aumentó todavía más a principios de 1892, cuando llegaron noticias a Inglaterra de que cuarenta de los doscientos pescadores que trabajaban en Trinity Bay, al este de Terranova, habían perecido. Aquellos hombres habían salido a pescar antes de que el hielo se derritiese y habían quedado atrapados por una tormenta de nieve. Sus barcos de pesca fueron destrozados por el hielo, y ellos quedaron varados allí, congelándose hasta la muerte. Otros pescadores encontraron en alta mar los inquietantes restos de los barcos aplastados, y a sus tripulaciones, completamente congeladas, aferrados a estos.

Una vez más, la opinión pública resultó conmovida. El alcalde de Londres abrió una colecta para recaudar fondos para las familias de los hombres congelados y hasta la reina Victoria contribuyó económicamente, y envió un mensaje personal a las viudas y sus hijos.

Todo el mundo en la misión coincidió en que debía hacerse algo. El dinero y el interés del público estaban allí. Había llegado el momento de que algunos hombres iniciasen un viaje de exploración para ver cómo se podía ayudar. Sin dudar un momento, Wilfred se ofreció voluntario para el viaje. La votación para aceptarlo como líder de la expedición produjo un resultado unánime, y un mes después de que llegasen a Inglaterra las noticias del desastre ocurrido entre los pescadores, Wilfred empezó a preparar el *Albert*, uno de los barcos de la misión, para el que iba a ser su viaje más largo hasta entonces.

Wilfred se dedicó encantado a su nueva tarea, ayudando a los carpinteros de la misión a forrar el casco del Albert con una capa extra de madera y a reforzar su proa, de forma que pudiese atravesar las capas de hielo. Bajo cubierta, el puente fue remodelado de forma que pudiesen echarse a un lado las particiones para que cien personas pudiesen reunirse a bordo y asistir a los servicios religiosos. En otra zona de la nave, se instalaron literas de enfermería, una sala de operaciones y un dispensario. Como las escotillas eran demasiado pequeñas para permitir el paso de una camilla, se ampliaron y cubrieron con cubre escotillas de metal.

Cuando Wilfred comenzó a escribir artículos en *Trabajadores del mar* relatando los preparativos del viaje, empezaron a llegar donativos para la gente de Labrador: fardos de ropa usada recolectada en campañas organizadas por las iglesias de Cornwall, libros recogidos por los alumnos de las escuelas escocesas, y provisiones médicas proporcionadas por las escuelas dominicales de Gales. Cuando llegó el momento de partir, había tanta carga a bordo que uno de los colaboradores de la misión se quejó en tono de broma a Wilfred, diciendo:

—Está cargado hasta la regala, y el motivo es que está lleno de lectura, y no se trata de lectura ligera, precisamente.

El comité de la misión decidió que junio era la mejor época del año para iniciar el viaje, el día 12 de ese mes Wilfred embarcó en el *Albert* con el corazón henchido de orgullo. Él, al igual que el resto de la tripulación, iba ataviado con pantalones de sarga y un jersey azul con el nombre de la misión bordado en letras doradas sobre el pecho.

El *Albert* fue remolcado fuera de la desembocadura del río Yare. Con 33 metros de eslora, se trataba del mayor navío de la misión, y Wilfred confiaba en que su casco recién reforzado con madera de roble y de teca aguantase bien las salvajes embestidas del océano Atlántico. Cuando partió la nave, el embarcadero de la ciudad se encontraba abarrotado de gente, y otras muchas personas se alineaban a lo largo de las orillas del río para contemplar al *Albert* mientras era remolcado. Wilfred pudo reconocer los rostros de muchos pescadores, de sus esposas y de sus hijos. Sus vidas eran ahora mejores gracias a la labor de The National Mission to Deep Sea

Fishermen, así que oró pidiendo poder encontrar también una forma de ayudar a los pescadores de Labrador y Terranova.

Una vez que el barco hubo atravesado los bajíos y entrado en mar abierta, el capitán Trezisse empezó a gritar órdenes:

—¡Hombres a las jarcias! ¡Icen la vela cuadrada!

Wilfred se puso en acción. Era estupendo estar de nuevo a bordo de un barco.

Habían planeado navegar sin escalas hasta Terranova, pero el mal tiempo demostró ser su peor enemigo. El barco tuvo que enfrentarse desde el principio a la niebla y a fuertes vientos de proa y tras tres días de navegación encontraron una avería de agua por la que entraban setenta y cinco centímetros de agua al día.

El capitán llamó a Wilfred a su camarote.

—Creo que necesitamos atracar y encontrar esa vía de agua —dijo balanceando la cabeza—. En este momento es manejable, pero cuando estemos en pleno Atlántico nos superará. Voy a cambiar el rumbo para dirigirnos a Crookhaven, en Irlanda.

—Me parece bien —coincidió Wilfred, aunque se sentía decepcionado. Deseaba comprobar lo rápido que podían cruzar el océano Atlántico y sin embargo allí estaban, enfrentándose a retrasos pocos días después de salir de Yarmouth.

No obstante, Wilfred intentó sacar el mayor provecho posible. La población del lugar adónde se dirigían era gente marinera y muchos de ellos leían *Trabajadores del mar* y estaban familiarizados con la misión de Wilfred. Al llegar se congregaron para ver al *Albert* atracado en aguas poco profundas y para obtener consejo médico, así como provisiones de mano de Wilfred, que accedió gustosamente y recibió como pago por su esfuerzo huevos y vegetales para el viaje.

El 3 de julio, el capitán Trezisse anunció que había sido incapaz de encontrar la avería y que esperaba que se hubiese sellado por sí misma. Necesitaban proseguir su viaje, así que al llegar la marea alta el Albert fue remolcado a aguas más profundas y partió de Crookhaven al día siguiente.

Para gran alivio de todos, dejó de entrar agua en el casco. Los vientos de proa continuaron siendo fuertes y una densa niebla persistió hasta que se adentraron más de mil quinientos kilómetros en el Atlántico. Sin embargo, a pesar de las condiciones climáticas, el barco se las arregló para recorrer doscientos kilómetros diarios. Después, inesperadamente, los vientos cesaron, dejando al *Albert* renqueante, intentando aprovechar cada racha de viento que se cruzaba en su camino.

Wilfred y el resto de la tripulación se mantuvieron ocupados manteniendo todo limpio y ordenado. Pintaban y fregaban durante horas todas las mañanas, y por las tardes Wilfred dirigía un estudio bíblico. El carpintero sabía tocar la corneta y acompañaba a la tripulación mientras esta cantaba himnos en cubierta.

Finalmente, la mañana del 21 de julio, el capitán anunció que, según sus cálculos, debían de estar cerca de San Juan de Terranova, por lo que hizo subir un vigía a la cofa. Hacia la hora del almuerzo, todos recibieron con alborozo el grito de «¡Tierra a la vista!», que resonó por todo el barco. Wilfred tomó su catalejo y apuntó hacia el oeste. Escudriñó el horizonte y se quedó mirando fijamente sin poder creer lo que veía.

Efectivamente se divisaba tierra, pero también algo más. Sobre la escarpada línea de costa un gran penacho de humo negro se elevaba hacia el cielo.

Wilfred se giró para hablar con el capitán Trezisse, quien también contemplaba la escena a través de un catalejo.

—¿Qué le parece a usted que pueda ser? —preguntó Wilfred.

El capitán Trezisse balanceó la cabeza.

—Noticias nefastas para la gente de San Juan —respondió—. Hay tanto humo que toda la ciudad debe de estar en llamas.

—¿Así que es San Juan lo que se está quemando?

—Sin duda —dijo el capitán.

A medida que el *Albert* se acercaba poco a poco a su destino la escena se fue haciendo más clara. Aunque la ciudad de San Juan de Terranova estaba protegida del océano Atlántico por un acantilado rocoso, Wilfred no tardó en poder distinguir enormes columnas de fuego elevándose en el cielo vespertino. De vez en cuando aterrizaban pequeños rescoldos sobre el barco, y el capitán puso a todo el mundo a vigilar no fuera a ser que uno de ellos provocase un incendio a bordo.

Como no se acercó ningún remolcador para guiarlos a puerto, el capitán ordenó que se recogiesen las velas y el barco echó anclas para pasar la noche. Wilfred se sentó en cubierta a contemplar el reflejo de las llamas que bailaban fantasmagóricas sobre el océano helado, y se puso a orar por los habitantes de San Juan de Terranova y por el trabajo que deseaba hacer en aquella costa rocosa.

Al amanecer, un remolcador se aproximó al barco. Las noticias que les trajo el piloto fueron desalentadoras. Les contó que el fuego lo había iniciado un

joven que había arrojado descuidadamente una ce-
rilla encendida en un establo situado en una colina
que dominaba la ciudad. Avivado por un viento fuerte del noroeste, las chispas y los rescoldos del fuego
del establo se habían extendido rápidamente por el
resto de la población, incendiándola.

Poco después, el *Albert* fue remolcado hasta el
puerto. Al rodear el cabo de la colina que ocultaba
la ciudad, la tripulación tuvo la oportunidad de contemplar por primera vez el resultado del fuego. La
mayoría de los edificios habían quedado reducidos a
pilas de ascuas negras y humeantes. Solo las chime-
neas de piedra de los edificios permanecían en pie,
como testigos ennegrecidos de la devastación que
les rodeaba.

Sorprendentemente, nadie había muerto en el
incendio, aunque más de dos mil edificios habían
quedado destruidos, dejando a once mil personas
aturdidas y sin hogar. La mayoría de ellos habían
escapado solo con lo puesto, y Wilfred se alegró al
pensar en los fardos de ropa usada almacenados en
las bodegas del barco. Él y el resto de la tripulación
pasaron el día desempacándolas y distribuyéndolas.

Terranova era una colonia británica con capacidad de autogobierno. Hacia las dos de la tarde, Wilfred contempló desde su lugar de trabajo a un grupo
de gente que se dirigía hacia donde él estaba. Estaba formado por el primer ministro de Terranova, Sir
William Whiteway, y cinco miembros del gobierno
de la colonia. Su gobernador, Sir Terence O'Brien,
se encontraba en ese momento en Inglaterra. La de-
legación había ido a dar la bienvenida al *Albert* y a
ofrecer a la tripulación y a Wilfred toda la ayuda que
necesitasen. Wilfred estaba impresionado, incluso

en medio de su propia tragedia querían ayudar a que la misión se estableciese a lo largo de la costa. Incluso se ofrecieron a contratar a un piloto para que realizase el viaje al norte, ya que los arrecifes situados a lo largo de la costa podían ser fatales para alguien que no conociese las aguas, especialmente debido a que aquella costa estaba en un lugar demasiado remoto como para que hubiese faros.

A medida que transcurrían los días mucha gente, entre la que se encontraba el Dr. Moses Harvey, el ministro de la Iglesia de Inglaterra en la ciudad, se acercó para dar consejo a Wilfred. Faltaban todavía tres meses para que empezase la temporada de pesca del bacalao, y sugirieron a Wilfred que viajase al norte a lo largo de la costa de Labrador hasta encontrar la flota, formada aproximadamente por un centenar de goletas de pesca. Wilfred y la tripulación, junto con el nuevo piloto, un alegre capitán irlandés llamado Fitzpatrick, estaban ansiosos por iniciar la travesía, pero la niebla les retrasó hasta el martes 2 de agosto de 1892.

La expedición puso rumbo al norte desde San Juan, dejando atrás la costa de la isla de Terranova y atravesó el estrecho de Belle Isle, que separaba la isla de Labrador. Una semana después, Wilfred pudo contemplar por primera vez la costa de Labrador. El *Albert* emergió de un banco de densa niebla y salió a una mañana bella, brillante y soleada. En el horizonte contempló los acantilados rocosos que se levantaban verticalmente desde el mar. Más allá de estos, una densa vegetación cubría las colinas que ascendían lentamente hasta transformarse en picos dentados cubiertos de nieve. Del mar sobresalían pequeñas islas rocosas y sin árboles, como

centinelas que guardasen la línea de costa. Entre
las islas y el barco flotaban icebergs, desprendidos
de los glaciares de Groenlandia, que vagaban hacia
el sur siguiendo las corrientes. Estos reflejaban el
sol, desparramando sus rayos. El barco era seguido
por abundantes cardúmenes de bacalao y otros peces, que pintaban las aguas de plata. Las ballenas
se alimentaban felices de dichos peces y rompían
intermitentemente la superficie con un silbido y un
chorro de agua, cuando salían a la superficie para
respirar. Por encima de sus cabezas el cielo estaba
repleto de gaviotas y otros pájaros marinos, algunos
de los cuales Wilfred no había visto jamás, y que
observó arrojándose de cabeza al mar para emerger con peces debatiéndose, firmemente atrapados
en sus picos. Los pájaros se dirigían con sus presas
hacia los acantilados rocosos, donde cientos de ni-
dos colgaban de las hendiduras y riscos. Wilfred se
quedó en cubierta un largo tiempo para disfrutar del
paisaje, maravillado de lo que veía.

El avance a lo largo de la costa de Labrador fue
lento, porque el capitán no quería navegar en la oscuridad. Había demasiados icebergs y afloramientos
de rocas que no constaban en los mapas como para
arriesgarse a hacerlo. De hecho, los mapas y cartas
de navegación que usaba el capitán estaban basa-
dos en los que había hecho el Capitán Cook cuando
visitó la zona en 1770. Wilfred se tomó esto como
un desafío, dedicando muchas horas a tomar datos
sobre los cabos y calas, con el fin de añadir más información a los envejecidos mapas.

Mientras el *Albert* iba avanzando por la costa,
también realizó anotaciones cada hora sobre el estado
del tiempo. Navegaban por la misma latitud que las

islas británicas, pero el clima era completamente diferente. Las corrientes oceánicas que rodean las islas británicas vienen del sur del océano Atlántico y crean un cojín de aire caliente alrededor de las islas. En cambio, la corriente del Labrador desciende desde el círculo polar ártico y va al encuentro de otra corriente más cálida que viene del sur. El choque de ambas corrientes produce un tiempo que oscila del calor al frío en menos de una hora. En un instante pueden levantarse vientos huracanados, creando unas condiciones muy traicioneras para los pescadores.

El cuarto día de navegación, el *Albert* atravesó un canal llamado el Domino Run y entró en un puerto resguardado donde echaron el ancla para pasar la noche. Pocos minutos después de izar la bandera de la misión empezaron a acercarse botes con pescadores curiosos que subían a bordo para ver al doctor. Muchos de ellos le contaron a Wilfred que al saber que un barco misionero con un médico a bordo se dirigía hacia donde ellos estaban apenas habían podido creer que la noticia fuese cierta.

Wilfred recibió a todos los que subieron a bordo y acompañó a los visitantes en un recorrido por el puente inferior. También trató a algunos de los pescadores que tenían problemas estomacales y cortes infectados. Muchos de ellos no habían visto un médico en toda su vida, y estaban ansiosos por ver lo que Wilfred podía hacer por ellos.

Unas dos horas después de haber echado el ancla Wilfred se apercibió de la presencia de un bote en malas condiciones para navegar, amarrado al costado del *Albert*. En él se sentaba un anciano arrugado que se quedó mirando fijamente a Wilfred durante un minuto y luego gritó:

—¿Es usted un médico de verdad?

Wilfred asintió y se inclinó sobre la borda.

—Sí, lo soy —respondió.

—No tenemos dinero, pero hay un hombre enfermo en la costa. ¿Estaría usted dispuesto a ir a verlo?

—Déjeme que recoja mi maletín y en un momento estaré con usted —dijo Wilfred.

Wilfred sonreía por dentro mientras bajaba al puente a recuperar su maletín médico. El anciano pertenecía a los liveyere, el pueblo que vivía a lo largo de la costa durante todo el año. La mayoría de ellos eran de ascendencia irlandesa, escocesa o de Cornualles, y tenían una forma peculiar de hablar. El nombre con el que se llamaban a sí mismos procedía de cuándo les preguntaban de dónde eran. Siempre respondían: «Vivimos aquí»[1], lo que abreviado se había transformado en liveyeres.

Wilfred no lo pensó dos veces antes de saltar al pequeño y desigual bote. En el peor de los casos, si volcaba, estaba seguro de poder alcanzar a nado la costa.

Todo fue bien, y cuando llegaron a tierra el anciano descendió del bote y le pidió que le siguiera a través de un mohoso camino que ascendía hasta llegar a una pequeña cabaña con techo de turba y una pequeña ventana, apenas protegida con un trozo de cristal roto. Wilfred tuvo que agacharse para pasar por la puerta. Dentro le recibió un fuerte olor a humedad y le llevó algunos momentos acostumbrarse a la oscuridad. A lo largo de las paredes se alineaban unas literas toscamente talladas, y en medio de la habitación había una pequeña estufa de hierro fundido. A parte de eso, la habitación carecía

---

1   N. del T.: En el original, «We live here».

de mobiliario. Seis niños medio desnudos sentados sobre un suelo de guijarros le miraron fijamente con los ojos como platos.

—Hola —dijo Wilfred—. ¿Cómo se llaman?

Uno a uno fueron murmurando sus nombres, y entonces el mayor dijo:

—¿De verdad has venido para curar a nuestro papá?

En ese momento Wilfred escuchó una tos áspera y se fijó en una pila de trapos que había en una de las literas inferiores. Allí había una persona.

—Ese es nuestro papá —dijo otro de los niños.

—¿Y dónde está tu mamá? —preguntó Wilfred.

—Está abajo, salando pescado. Yo estoy a cargo —dijo el mayor de los niños.

Acarició con su mano el pelo del muchacho y se aproximó a su paciente. Se arrodilló junto a aquel hombre y le tomó el pulso; era débil. Después examinó su pecho. Solo había un diagnóstico, y equivalía a una sentencia de muerte: tuberculosis.

Wilfred entregó al mayor de los chicos algunos medicamentos para aliviar la tos de su padre y le dio instrucciones para que fuera a verlo al *Albert* por la mañana. Les prometió ropa y mantas para el enfermo, y grasa y harina para cocinar. Después reunió a los niños a su alrededor y oró por ellos.

Dejó la cabaña con un peso en el corazón. Aunque lo que acababa de ver encajaba perfectamente con lo que Francis Hopwood había descrito en su artículo de *Trabajadores del mar*, le resultó chocante ver en primera persona tanta pobreza, especialmente en una situación en la que la gente no tenía a nadie a quien acudir en busca de socorro. En Londres, la gente más pobre podía hacer fila ante las cocinas del Ejército de Salvación para obtener sopa, o dirigirse a la sala de emergencias del Hospital de Londres a recibir asistencia. Pero allí, en la remota costa de Labrador, no había instituciones de caridad, ni hospitales, ni escuelas.

Mientras lo transportaban de vuelta al *Albert*, Wilfred se cuestionó su vocación de servir a los pescadores de altura. Sí, por supuesto, necesitaban atención médica y el evangelio, pero le perseguía la desesperación que acababa de ver en los ojos de los niños que había visitado. Seguro que también podía hacer algo por ellos.

Capítulo 7

De vuelta a Labrador

El *Albert* subió toda la costa de Labrador, alternando las visitas a la flota pesquera que faenaba en los ricos bancos de pesca de Grand Banks, con las visitas a las pequeñas comunidades esparcidas a lo largo de la costa. Por todos los lugares por donde pasaban la gente se emocionaba al verlos.

A medida que el barco ascendía por la costa, Wilfred fue observando variaciones en las circunstancias que había visto en Domino Run. Los adolescentes padecían raquitismo, los jóvenes tosían sangre y las niñas pequeñas sufrían los efectos de no tener para vestir otra cosa que dos sacos de harina cosidos entre sí con hilo de pesca. Y en todas partes se encontró con el mismo grado de pobreza. Aunque las noticias de la presencia del *Albert* se extendieron rápidamente por la costa, pocas personas creían que se detendría realmente en su pequeño asentamiento, o que en verdad llevase un médico a bordo que fuese a tratarles gratis.

Cuanto más se familiarizaba con las condiciones en la costa de Labrador más disgustado se sentía. Aquellos pescadores y sus familias, tanto los live-yeres como aquellos que invernaban en San Juan y subían al norte para pescar en Labrador durante el verano, se encontraban en una situación desesperada. Al comentárselo al capitán Fitzgerald, Wilfred se enteró de que los propietarios de los arrastreros y los mercantes pesqueros querían conservar las cosas de esa manera. Preferían mantener a los pescadores endeudados, especialmente a los jóvenes y fuertes, como forma de obligarlos a pescar para ellos año tras año. Para conseguirlo, establecían el precio de las capturas, sin importar lo grandes o pequeñas que fuesen, de forma que cubriese solamente las necesidades vitales más básicas. Debido a ello, los pescadores de Labrador se veían en una situación en la que trabajaban sin descanso los cinco meses de la estación de pesca, y subsistían el resto del año con sus familias apenas con unos pocos barriles de harina, varios cuartos de galón de melaza, té y grasa, productos que los propietarios de los arrastreros les vendían a precios desorbitados.

Los pescadores complementaban su dieta con cualquier pescado que consiguiesen salar para sí mismos durante el verano, y los que poseían rifles y podían permitirse el precio de las balas cazaban para comer piezas pequeñas, como zorros y venados. No les quedaba dinero para comprar ropa o equipamiento de pesca, y año tras año se hundían cada vez más en las deudas que contraían para poder comprar productos básicos a los dueños de los barcos.

Wilfred encontró un solo misionero trabajando entre los liveyeres, pero en Hopedale, el punto más septentrional del viaje por la costa del *Albert*, encontró a un grupo de misioneros moravos. Estos, cuyos predecesores llevaban un siglo visitando la costa de Labrador para trabajar entre los esquimales, le dieron la bienvenida y le pusieron directamente a trabajar. Uno de los primeros pacientes que examinó fue a un hombre que había perdido ambos brazos al explotarle un cañón que intentaba disparar. Aunque los moravos habían hecho todo lo que podían, ambos muñones se habían gangrenado. Wilfred llevó a aquel hombre al barco para operarlo y retirarle la zona gangrenada. No estaba seguro de que fuese a sobrevivir, pero de lo que no le cabía duda era de que sin la ayuda médica que le estaba dando acabaría falleciendo en medio de una terrible agonía.

Otros casos requerían un tratamiento más sencillo y, sin embargo, producían resultados espectaculares. Un pescador se había pasado tres años cojeando por culpa de lo que pensaba que era una dolencia incurable en un pie. Resultó ser nada más que una uña encarnada, que Wilfred fue capaz de curar en cuestión de minutos. El pescador pudo volver a trabajar para obtener el escaso sustento de su familia.

En octubre, los barcos pesqueros navegaron de vuelta a San Juan para evitar quedar atrapados en el hielo durante el invierno. Por entonces, Wilfred y la tripulación ya habían entregado toda la ropa, libros y revistas que llevaban a bordo, habían visitado cincuenta asentamientos, tratado a novecientos pacientes y celebrado cientos de servicios religiosos tanto en tierra como en el mar. La mayoría de los pacientes de Wilfred nunca habían visto antes a un médico o a una matrona, y sabían muy poco de cuidados médicos. En ausencia de un doctor, muchos se habían inventado «curas» para sí mismos. Algunas de ellas dejaron asombrado a Wilfred, que se preguntaba cómo era posible que tales prácticas supersticiosas se hubiesen extendido por la costa como si fueran curas médicas. Una anciana con la que se encontró prescribía como cura para los males de estómago la ingestión de nueve piojos cada tres días durante un total de nueve días. En otra ocasión descubrió alrededor del cuello de un hombre un amuleto que contenían un diente de ciervo, un remedio infalible contra los ataques epilépticos, según se le dijo. Quizá la cura más común que pudo observar fue una mezcla de pintura blanca y hierbas, que se suponía que hacía salir los abscesos.

El *Albert* siguió a la flota pesquera de regreso a San Juan. De camino hacia el sur bordeando la costa se detuvieron una vez más en Domino Run, donde Wilfred había atendido a su primer paciente. Caminar junto a una tumba recién excavada, junto al camino mohoso que llevaba a la cabaña de tierra, le produjo una sensación muy lúgubre. Una mujer confirmó sus peores sospechas: su marido había muerto dos semanas antes. A Wilfred se le rompió el corazón al contemplar la escena: seis niños y su madre viuda, todos flacos y con aspecto enfermizo. Les ofreció algo de lo que quedaba de las provisiones del barco y una vez más oró con ellos antes de partir.

El *Albert* navegó hasta el puerto de San Juan de Terranova, donde recibió una emocionante bienvenida. Muchos de los barcos pesqueros ya estaban anclados en el puerto, y las noticias de los servicios prestados por el *Albert* a los pescadores y los residentes de Labrador se habían extendido por la ciudad. Al acercarse al muelle muchas manos voluntarias se ofrecieron para tirar de las amarras que aseguraron el barco al embarcadero, y mucha gente ofreció comida y alojamiento a la tripulación. A Wilfred lo invitaron a quedarse con el gobernador, Sir Terence O'Brien, que ya había vuelto de Inglaterra. Mientras lo seguía hasta su casa, Wilfred se quedó asombrado al ver lo mucho que había progresado la reconstrucción de la ciudad. La ensenada rocosa estaba de nuevo salpicada por numerosas casas y almacenes nuevos construidos con madera.

Dondequiera que iba Wilfred, los pescadores y sus familias se arremolinaban en torno a él para agradecerle sus servicios y el trabajo tan alentador que estaba haciendo.

Pocas horas después de haber regresado a San Juan era como si a The National Mission to Deep Sea Fishermen se le hubiesen abierto todas las puertas del lugar. Un reportero de un periódico local entrevistó a Wilfred para escribir un artículo de portada sobre el trabajo de la misión. Un comité de políticos y comerciantes le invitó a dar una conferencia sobre las necesidades que había observado durante su viaje y a ofrecer sus consejos sobre cómo aliviarlas. Wilfred y el capitán Trezisse fueron juntos a la reunión y se quedaron emocionados al ver la seriedad con la que los asistentes trataron de resolver los problemas a los que los pescadores se tenían que enfrentar. Durante la reunión, el Dr. Moses Harvey propuso que se aprobase una resolución de agradecimiento a The National Mission to Deep Sea Fishermen y sus misioneros. Después añadió:

—Esta reunión desea también expresar su esperanza de que los directores de la misión vean la
forma de continuar el trabajo comenzado, y si lo ha-
cen, deseamos asegurarles que recibirán el apoyo y
la cooperación más entusiasta de todos los estamen-
tos de esta comunidad.

Después de esa reunión hubo otra, y Wilfred se
quedó encantado al ver lo deseosos de ayudar que
estaban los políticos y comerciantes de San Juan.
El gobierno se ofreció para levantar dos hospitales,
permitiendo que fuese la misión quien escogiese su
emplazamiento. También se ofrecieron a aprovisionar
los hospitales conforme a las directrices establecidas
por el comité del hospital formado por la misión, y a
costear el mantenimiento y conservación de las instalaciones. Un importante comerciante, Baine Grieve,
ofreció una gran casa situada en Battle Harbor, en la
costa sur de Labrador, para que se instalase allí uno
de los hospitales. Wilfred decidió que el segundo de
ellos estuviese ubicado en Indian Harbor, en la boca
de la ensenada de Hamilton, a medio camino a lo largo de la costa.

Aunque todo este progreso le llenaba de entusiasmo, en su mente sabía que aquello era solo el
principio. El *Albert* era una nave robusta, pero para
avanzar dependía de las condiciones de viento ade-
cuadas. Wilfred pensó que un barco a vapor sería
mucho más versátil frente a las diferentes condiciones climáticas. Imaginó a los doctores y enfermeras
encargándose de los hospitales mientras el vapor
subía y bajaba por la costa, deteniéndose para tratar a los liveyeres y ocupándose de las necesidades
inmediatas de las flotas pesqueras.

Finalmente, una vez terminaron las reuniones y
el barco fue reabastecido, llegó el momento de partir

a través del Atlántico de vuelta a Inglaterra. El 8 de noviembre, la mitad de la población de San Juan salió a despedir al *Albert*. Mientras saludaba desde la cubierta, Wilfred le gritó a la gente:

—¡Prometo que volveremos! ¡Que Dios os bendiga hasta que volvamos a encontrarnos!

Pronto se encontraban en mar abierto, en pleno océano Atlántico. Las olas eran altas, pero la tripulación del barco había aprendido a trabajar en equipo de forma perfecta, y en los doce días que duró el trayecto hasta Inglaterra solo encontraron un problema. El sexto día de viaje, tras haber completado todo el trabajo de mantenimiento correspondiente a ese día, Wilfred inició un torneo de críquet en cubierta con otros miembros de la tripulación. Por aquel entonces solamente les quedaba una bola de críquet, ya que las demás habían sido bateadas por la borda en anteriores partidas.

Diez minutos después de empezar el juego Wilfred observó apenado como la última de las pelotas pasaba sobre él y se zambullía en el océano. La vio balanceándose en la superficie. Ya no habría más partidas de críquet a bordo durante el viaje. Súbitamente, se quitó los zapatos y gritó sobre su hombro:

—¡Díganle al capitán que vuelva y me recoja!

Dicho esto se encaramó a la borda y se lanzó a las aguas. El frío repentino del océano le dejó sin aliento, pero salió a la superficie y empezó a nadar hacia la bola. ¡Mientras lo hacía, pudo ver como el *Albert* viraba para alejarse de él!

Wilfred recuperó la pelota y se la guardó en el bolsillo, pero pasaron otros veinte minutos antes de que el barco pudiera corregir el rumbo y acercarse. Se desplazó por el agua y esperó pacientemente a que

llegaran. Cuando finalmente el *Albert* pudo maniobrar y situarse lo suficientemente cerca le lanzaron
una escalera de cuerda por un costado y escaló de
regreso a bordo. Una vez que estuvo a salvo en cubierta, se enteró de que el capitán se había quedado
tan conmocionado al verle zambullirse en el agua que
había virado en la dirección incorrecta. Wilfred se rió
al conocer lo sucedido. Nadar por aguas heladas era
uno de sus desafíos favoritos. Fue a su camarote y
se cambió de ropa, tras lo cual la partida de críquet
pudo continuar.

Los restantes seis días de viaje transcurrieron
sin incidentes y finalmente el barco atracó en Yarmouth. Todo el mundo, incluyendo el consejo de la
misión, estaba ansioso por recibir noticias sobre
cómo le había ido a la tripulación en Terranova. A
los pocos días de llegar a Inglaterra tuvo que partir
hacia Londres para informar al consejo. Relató a todos sus miembros lo que había visto y las variadas
y pequeñas formas en que había podido ayudar a la
gente de Labrador, tanto en tierra como en la mar.
También les describió lo que podría hacerse con más
misioneros médicos y recursos.

Por su parte, el consejo informó a Wilfred de lo
ocurrido en la misión durante sus seis meses de ausencia. Ahora tenían once barcos y habían ampliado
su ministerio a los pescadores de las costas del sur y
del oeste de Inglaterra, y también a Irlanda. Evidentemente, le explicaron, los objetivos de la misión se
habían ampliado y ya no estaban seguros de tener la
capacidad suficiente como para costear una misión
al otro lado del mar. El viaje del *Albert* había costado
dos mil libras y no podían comprometerse a gastar
con regularidad una cantidad tan grande de dinero.

Aquella conversación solo sirvió para que Wilfred se sintiera desafiado, así que partió con el capitán Trezisse a dar conferencias por toda Inglaterra con el fin de recaudar fondos para el trabajo misionero en la costa de Labrador. Allí por donde iba cautivaba a las audiencias y los donativos llegaban sin parar. Se formaron muchos comités locales, cada uno encargado de patrocinar una cama en los nuevos hospitales que el comité de San Juan había prometido construir. Tras impartir una conferencia a los chicos de la Escuela Mostyn House, en Parkgate, estos se ofrecieron con entusiasmo a patrocinar también una cama. Cuando les contó la historia de cómo jugaban al críquet en la cubierta del Albert y cómo perdían las pelotas cuando caían por la borda, uno de los estudiantes sugirió que taladrasen un agujero en la bola y la atasen a la barandilla del barco. Wilfred pensó que se trataba de una idea interesante y prometió contarle qué tal había funcionado.

Visto el éxito de Wilfred a la hora de recaudar fondos, la Misión nacional para los pescadores de altura votó en febrero de 1893 continuar y ampliar su obra en Labrador, con Wilfred como líder. Nada le habría gustado más. Deseaba ardientemente volver a visitar a los liveyeres y a los pescadores, llevarles el mensaje de esperanza y sanar sus cuerpos.

Un cálido día de mayo, el *Albert* fue remolcado una vez más fuera de la desembocadura del río Yare. A bordo había tres doctores: Wilfred Grenfell, Eliot Curwen y un viejo amigo de Wilfred, el australiano Arthur Bobardt. Dos enfermeras, Celia Williams y Ada Carwardine, partirían en breve hacia San Juan de Terranova a bordo de un vapor de la naviera Allen.

Wilfred sonreía de oreja a oreja al ver todo el alboroto que había a su alrededor. La banda de metales de los pescadores tocaba enérgicamente sobre la cubierta del *Albert*, los demás barcos de la misión que estaban en el puerto estaban decorados con banderolas que flotaban al viento, y el sonido de la muchedumbre que aclamaba se veía acompañado por las salvas de cañón disparadas en honor de la tripulación y su misión. Las bodegas del barco contenían miles de libras de mercancías donadas empacadas en fardos: ropa, libros, provisiones y equipamiento para los hospitales.

Mientras el *Albert* era remolcado a aguas abiertas, Wilfred contemplaba cómo la multitud se desvanecía lentamente en el horizonte. La banda de metales y otros visitantes que había a bordo fueron transferidos al remolcador y después soltaron la cuerda de remolque. Una vez más, estaban de camino. Sin embargo, en esta ocasión habían planeado atracar en muchos puertos a lo largo de la cosa sur de Inglaterra, donde Wilfred y el capitán Trezisse tenían intención de hablar en cuantas iglesias y salas de conferencias les fuese posible. Mientras informaba a la gente sobre el trabajo que se proponía realizar en Labrador, Wilfred oraba para que Dios, de alguna forma, les proveyese el barco de vapor que tanto necesitaban para trabajar entre los dos hospitales.

Aproximadamente a medio camino de su recorrido por la costa, las oraciones de Wilfred recibieron respuesta. La oficina de Londres envió la noticia maravillosa de que les había llegado dinero para comprar un barco de vapor. Wilfred sabía exactamente dónde encontrar uno. En Chester, en cierta ocasión en que había ido a visitar a su hermano Algernon en el cercano Parkgate, había visto una lancha de río de cuarenta y cinco pies que le había dejado impresionado. Aquella nave estaba a la venta por doscientas cincuenta libras, menos de la mitad del coste de construir una nueva. El *Albert* continuó su recorrido sin Wilfred, que se dirigió al norte por tierra para comprobar si la lancha continuaba todavía en venta. Gracias a Dios así era, así que la compró en el acto.

Algernon le ayudó a prepararla rápidamente para navegar por el océano y después Wilfred convenció a la naviera Allen para que transportase a precio de oferta la pequeña embarcación hasta San Juan, a bordo de uno de sus grandes vapores.

Cuando al fin el *Princess May*, que era el nombre de la lancha, estuvo guardado en la bodega de un barco de la naviera Allen, el *Albert* ya estaba en Queenstown, Irlanda. Wilfred se reunió allí con ellos y el 7 de junio de 1893 partieron para atravesar el océano Atlántico.

Durante el trayecto dedicó su tiempo a leer textos médicos, a dirigir estudios bíblicos y a aprender del capitán Trezisse algo más acerca de navegación. Le interesó mucho saber que esta ocasión, tomarían para llegar a San Juan una ruta situada más al norte, llamada el derrotero del Gran círculo. Aproximadamente a mitad de trayecto el *Albert* se vio rodeado de imponentes icebergs. Pronto la niebla envolvió el navío y todos los tripulantes subieron a cubierta para vigilar la aparición de las amenazadoras formas blancas que podían rajar el casco y hundir el barco.

Gracias a la habilidad del capitán Trezisse, el *Albert* llegó sano y salvo al puerto de San Juan de Terranova el 26 de junio. Mientras lo remolcaban a través del estrecho canal de piedra hasta el puerto, la gente de San Juan se congregó para dar la bienvenida al barco que había regresado. Wilfred y la tripulación desembarcaron entre grandes aclamaciones y fueron invitados a cenar con el gobernador aquella misma noche.

Durante los días siguientes Wilfred habló en cada una de las iglesias de la ciudad. Se quedó entusiasmado al saber que el comité había proseguido con sus planes para equipar a los dos hospitales, y que la comunidad local había recaudado quinientos dólares para que la misión los gastase ayudando a los pescadores. El vapor de la naviera Allen también llegó a puerto, trayendo con él a las dos enfermeras y al *Princess May*. Las enfermeras fueron recibidas con los brazos abiertos, ya que solamente había dos registradas en todo Terranova. Las gentes del lugar les rogaron que se quedasen a trabajar en San Juan, pero Wilfred estaba decidido a que ayudasen a aquellos que habían estado durante tanto tiempo sin atención médica. Sin embargo, prometió reclutar más enfermeras para que se estableciesen allí.

Al retirar al *Princess May* de la bodega de carga y dejarlo en el agua descubrieron que le faltaba la chimenea y que el árbol de la hélice estaba doblado. Nadie sabía qué le había ocurrido a la lancha, y Wilfred tuvo que esperar a que hiciesen una nueva chimenea y enderezasen la vara de transmisión.

Finalmente, el 6 de julio bautizaron al *Princess May*, encomendándole oficialmente su misión a lo largo de la costa de Labrador. Una vez concluida la ceremonia, Wilfred, Arthur, un ingeniero y otro miembro de la tripulación partieron en el *Princess May* rumbo a Battle Harbor, en el norte. Ese mismo día, el *Albert* también partió hacia allí, pero las olas del océano no tardaron en separar a las dos naves. Wilfred guió hábilmente al *Princess May* a través de los vientos y los bancos de niebla, y alrededor de los icebergs hasta llegar sanos y salvos hasta las protegidas aguas del puerto de destino. El *Albert* se las había arreglado para llegar allí el día anterior, y Wilfred atracó a su costado. Tan pronto como pudo, Wilfred desembarcó para inspeccionar el progreso de las obras del hospital.

Capítulo 8

La misión crece

Wilfred estaba encantado con los progresos que veía. La vieja mansión que hacía las veces de nuevo hospital era una robusta estructura de dos plantas construida cerca de un acantilado rocoso. Parecía lo suficientemente fuerte como para soportar el más severo de los inviernos. Dentro del edificio, el doctor Curwen y las dos enfermeras trabajaban duro para instalar las dieciséis camas y los equipamientos que el *Albert* había llevado con ellos. A Arthur, el amigo de Wilfred, también le gustó lo que vio y estaba deseando poder abrir las puertas del hospital a los pescadores y a la gente de la costa. Una semana después, todo estaba preparado y Wilfred dirigió la ceremonia de inauguración del Hospital de Battle Harbor.

Tras la apertura del nuevo centro hospitalario, Wilfred prosiguió su ascenso por la costa de Labrador en el *Princess May*, con tan solo un miembro de la tripulación y un ingeniero de San Juan, llamado Paul Legget. Arthur se había quedado para ayudar a dirigir el nuevo centro.

El plan de Wilfred consistía en ir abriéndose camino hacia el norte a través de bahías rocosas y ensenadas hasta llegar unos ciento sesenta kilómetros más allá de Hopedale. Solo tenía noticia de otro vapor que hubiese alcanzado una latitud tan septentrional. A lo largo del camino tomaría notas sobre la condición en la que vivían las gentes con las que se encontrasen y la forma de ayudarlos a tener una mejor calidad de vida.

Una de las primeras paradas la hicieron en Sandwich Bay, donde un inglés, el mayor Cartwright, había fundado un pequeño asentamiento en 1790. El mayor Cartwright había llevado allí a cuatrocientas personas de Devon y Cornualles, Inglaterra, para que se estableciesen allí, pescasen y cazaran focas. Sus capturas serían enviadas de vuelta para venderlas y producir ingresos a la comunidad. Todo fue bien hasta inicios del siglo XIX, cuando Gran Bretaña y Estados Unidos se declararon la guerra. Los corsarios estadounidenses capturaron los barcos cargados de mercancías que partían de la Sandwich Bay, y los ingresos de todo un año se perdieron. Por aquella época, todos los pobladores, excepto los más tozudos, regresaron a Inglaterra. Wilfred visitaba ahora a los descendientes de aquellos que se habían quedado para ganarse la vida con dificultad por sí mismos. Aquellas gentes vivían en unas pocas cabañas dispersas y tenían muy poco contacto con el mundo exterior. Wilfred les trajo noticias y ayuda médica.

Desde la Sandwich Bay, Wilfred navegó hasta Indian Harbor, donde se encontró con el *Albert*, que
había echado allí el ancla. El doctor Curwen y la
enfermera Williams trabajaban duro curando las
heridas y dolencias de los pescadores cuyos botes
estaban anclados alrededor del barco. A causa del
gran número de pescadores que había que atender,
el trabajo de preparación del nuevo hospital de Indian Harbor iba atrasado, y Wilfred se dio cuenta
de que no podría terminarse antes de que se for-
maran las placas de hielo. Todo el mundo decidió
que lo mejor era dejar la apertura oficial del segundo
hospital hasta el año siguiente. En cambio, se tomó
la decisión de que el *Albert* seguiría recorriendo de
arriba abajo la costa de Labrador para trabajar entre
la flota pesquera.

Wilfred y Paul continuaron su viaje hacia el norte. Su siguiente parada fue Rigolet, y luego continuaron hasta Hopedale, donde tenían previsto una
vez más reencontrarse con el *Albert*. El viaje hasta
Hopedale fue azaroso. En un determinado momento
el *Princess May* se metió en un verdadero laberinto
de arrecifes. Fuertes vientos zarandeaban la nave y
la noche empezó a caer. Wilfred oró pidiendo sabi-
duría mientras trepaba por el mástil intentando encontrar una manera de salir de allí. Tras algunas
hábiles maniobras, lograron alcanzar el sotavento de
una isla, pero Wilfred sabía que el *Princess May* no
estaría a salvo allí toda la noche. Mientras él y Paul
se preguntaban qué hacer, se sintieron aliviados al
ver tres botes esquimales cubiertos de pieles abriéndose camino hasta el *Princess May*. Wilfred sonrió a
los esquimales que conducían los botes y les arrojó
un cabo. Tomándolo, estos condujeron hábilmente

al *Princess May* hasta un estrecho canal entre las rocas, donde estaría a salvo hasta que amainasen los fuertes vientos.

Wilfred subió a uno de los botes esquimales que lo llevó hasta la orilla. Los esquimales, reconociéndole de su anterior visita a la costa un año antes, le trajeron a sus enfermos para que los examinase en su tienda. Un hombre tenía un dedo del pie gangrenado por culpa de la congelación, así que Wilfred lo amputó en el acto. Otros presentaban problemas en los pulmones, o cortes y contusiones. Tras haberlos tratado a todos, Wilfred dirigió un servicio religioso en la tienda. Conocía muy pocas palabras de Inuit, pero sabía que se encontraba entre gentes que se habían convertido gracias a los hermanos moravos, así que disfrutó de una agradable comunión sin palabras.

A la mañana siguiente, el viento había amainado y Wilfred pudo volver a bordo del *Princess May*, donde Paul había pasado la noche, y ambos continuaron su travesía hacia el norte.

Cuando al fin llegaron a Hopedale se encontraron con que alrededor del *Albert* habían echado el ancla unas cien goletas de pesca. Eliot Curwen se encontraba muy ocupado atendiendo las necesidades médicas de los pescadores, así que Wilfred visitó a los misioneros moravos y celebró un culto en tierra. Por aquel entonces, Wilfred Grenfell era, a sus veintiocho años, una especie de leyenda a lo largo de la costa de Labrador. Todo el mundo quería conocerlo y escucharle predicar. Wilfred buscó el lugar de reunión más grande que hubiese en Hopedale y anunció que aquella noche celebrarían un culto. La sala se encontraba tan llena que el capitán Trezisse tuvo que celebrar otro rebosante servicio en un edificio cercano.

Durante el tiempo que estuvo en Hopedale, Wilfred se enteró de una tragedia que había sucedido en el mar. Una goleta, *la Rose*, había salido de San Juan llevando una enorme sobrecarga de pasajeros y tripulantes, sesenta y dos personas en total. Mientras navegaban a través de una densa niebla el barco había golpeado en una placa de hielo, que había destrozado su proa. Tan solo ocho minutos después *la Rose* se había ido a pique. Hombres, mujeres y niños se vieron forzados a arrojarse a las aguas heladas. Afortunadamente, poco después otra goleta llegó al lugar y pudo rescatar a cincuenta personas. Sin embargo, ocho hombres, dos niños y dos niñas perecieron en las aguas heladas.

Wilfred se sintió furioso al enterarse de una tragedia tan fácilmente evitable. Había podido ver la *Rose* atracado en el puerto de San Juan. No solo era una goleta vieja y con un mal mantenimiento, sino que también era a todas luces demasiado pequeña como para transportar a sesenta y dos personas. Wilfred abrió otra sección en sus anotaciones a la que llamó: «Formas mediante las que el gobierno puede ayudar a reducir las masacres en el mar». Allí anotó que debía prohibirse a las goletas que transportaran demasiados pasajeros, y que debía establecerse la obligación de llevar botes salvavidas y equipamientos de emergencia suficientes para todas las personas a bordo.

Cuando llegó el momento de partir de Hopedale, uno de los misioneros moravos, un danés, le preguntó si podía acompañarlos como piloto. Wilfred aceptó rápidamente, así que el moravo, Paul Legget y él salieron una vez más rumbo al norte. Las aguas en las que se internaron no habían sido aún carto- grafiadas, por lo que, como precaución, pidió pres- tada una escalera en Hopedale y la amarró al mástil para poder subir y ver mejor los traicioneros arreci- fes que iban a encontrar.

Navegaron doscientos cincuenta kilómetros ha- cia el norte hasta llegar a Okkak, punto en el que Wilfred decidió a regañadientes regresar. El agua empezaba a tener un aspecto aceitoso, señal inequí- voca de que estaba cerca de alcanzar el punto de congelación.

Cuando llegaron de nuevo a Hopedale, la mayo- ría de las goletas ya habían partido hacia el sur y el *Albert* estaba levando ancla. Wilfred siguió la ruta del barco, parando en los pequeños asentamientos donde los liveyeres se preparaban para el invierno.

El *Albert* y el *Princess May* se encontraron de nue- vo en Battle Harbor. A Wilfred le encantó saber que los doctores y las enfermeras del hospital se habían mantenido ocupados todo el verano. Ahora había llegado el momento de cerrar el hospital durante el invierno y volver todos a San Juan. Wilfred y Paul se dirigieron al sur a bordo del *Princess May*, mientras que los demás viajaron en el *Albert*. Habían planea- do que se reunirían en el puerto de St. Anthony, en Terranova, antes de continuar hasta San Juan. Sin embargo, tuvieron que enfrentarse a una tormenta y el *Princess May* perdió su mástil, que salió volando por la borda junto con la bandera de la misión que llevaba izada.

Cuando finalmente arribaron al puerto de St. Anthony, Wilfred esperó durante varios días la lle- gada del *Albert*. Al ver que no aparecía, abandonó el puerto y prosiguió hacia San Juan, preguntándose constantemente qué habría ocurrido con sus colaboradores. Al llegar a su destino advirtió que el *Albert* ya estaba anclado allí

—¡Están vivos! ¡El doctor está vivo! —gritaba la gente desde el muelle, mientras el *Princess May* se aproximaba al atracadero.

Wilfred no tardó enterarse de que el mástil y la bandera del *Princess May*, que el viento había arrojado por la borda, habían sido encontrados flotando lejos de la costa, y todo el mundo había llegado a la conclusión de que la tormenta había inundado la lancha echándola a pique. El *Albert* también había sufrido daños por causa del mal tiempo, y el capitán Trezisse había tomado la decisión de proseguir directamente hasta San Juan sin acercarse de nuevo a tierra.

Para disgusto de Wilfred, las noticias de su «muerte» ya se habían publicado en el periódico *Times* de Londres, y ya se habían programado también servicios fúnebres en su memoria. Inmediatamente se envió un telegrama anunciando que estaba vivo, y su única esperanza era que el malentendido respecto a su muerte no hubiese perturbado demasiado a su madre.

Wilfred y su amigo Arthur se pusieron de nuevo rápidamente en movimiento. Habían decidido recorrer Canadá para recaudar fondos para su obra en Terranova y Labrador. Esta se hacía cada vez mayor, y Wilfred era consciente de que en Inglaterra The National Mission to Deep Sea Fishermen no podría sostenerla financieramente durante mucho más tiempo. Tenía la esperanza de despertar el interés del gobierno canadiense para que financiase, con cinco mil dólares, la construcción de un tercer hospital en el extremo interior del estrecho de Belle Isle, una zona situada dentro de las fronteras de Canadá.[2]

Tras ver partir hacia Inglaterra a bordo del Albert a Eliot Curwen y a las dos enfermeras, Wilfred y Arthur embarcaron en un vapor de pasajeros hacia Halifax, Nueva Escocia. Cuando llegaron, el 3 de diciembre de 1893, no sabían muy bien qué hacer; se registraron en una habitación de hotel e intentaron decidir qué pasos dar. Finalmente, se decantaron por un plan muy simple: visitarían a todos los líderes de Halifax —los oficiales del gobierno, el presidente de la cámara de comercio, clérigos y altos mandos del ejército— y les pedirían ayuda. Aunque a Wilfred le preocupaba que esta forma de hacer las cosas, sin contactos ni presentaciones, fuese demasiado directa, era lo mejor que se les había ocurrido.

Las visitas tuvieron más éxito de lo que él esperaba. Él y Arthur eran bien recibidos por todas partes, y su mensaje se escuchaba con interés. Hacia finales de la primera semana concertaron una entrevista conjunta con el obispo anglicano y el primer ministro de Canadá. La reunión marchó bien y se constituyó un comité para «colaborar con el doctor Grenfell».

Animados por lo provechoso del tiempo dedicado a Halifax, Wilfred y Arthur viajaron a Montreal, donde esperaban poder entrevistarse con Sir Donald Smith, el último gobernador permanente de la Compañía de la Bahía de Hudson en Canadá. De joven, Sir Donald había sido el director de dicha compañía

---

2   N. del T.: Terranova y Labrador no pasaron a formar parte de Canadá hasta 1949.

en la ensenada de Hamilton, y Wilfred estaba seguro
de que era una persona consciente de los riesgos de
vivir en la costa de Labrador. Sir Donald se había
transformado en un hombre muy rico y era famoso
por su interés en financiar labores médicas.

Una vez más, Wilfred tuvo éxito; Sir Donald accedió a reunirse con los dos, y los tres hablaron durante varias horas, intercambiando historias sobre
los habitantes y lugares de la costa de Labrador. Sir
Donald les presentó a otros millonarios que prometieron considerar su propuesta de financiar la misión. Mientras tanto, Sir Donald entregó a Wilfred
y Arthur dos billetes de primera clase en la compañía ferroviaria Canadian Pacific, para que pudieran
continuar su esfuerzo de recaudación de fondos a
lo largo de Canadá hasta la isla de Vancouver, en la
costa oeste.

Por dondequiera que iban, Wilfred y Arthur encontraban gente interesada y entusiasta, que deseaba unir esfuerzos para patrocinar una cama de
hospital o una litera a bordo de uno de los barcos de
la misión. Cuando volvieron a Montreal les aguar-
daban buenas noticias. Sir Donald había decidido
entregarles mil ochocientos dólares para la compra
de otro vapor para la misión, y otra persona estaba
dispuesta a financiar la compra de un barco más
pequeño. Wilfred se alegró mucho de poder llevar de
vuelta a Inglaterra con él tan buenas noticias.

A principios de marzo, Wilfred se encontraba de
regreso en Gorleston, supervisando una vez más el
trabajo de la misión en el mar del Norte. En los nueve meses que había estado fuera muchas cosas habían cambiado. El motivo de esto es que los copers,
los pequeños botes que suministraban alcohol en el

mar a los pescadores, habían sido declarados ilegales. Además, en el mar del Norte podían verse cada vez más arrastreros de vapor. Estos ya no dependían del viento para lanzar sus redes de arrastre, así que podían pescar de forma casi continua.

Mientras se preparaba para otro verano en la costa de Labrador, Wilfred recibió algunas noticias decepcionantes. Arthur Bobardt anunció que se enrolaba en la marina de guerra como cirujano, y Eliot Curwen decidió partir como misionero a Pekín, China. A Wilfred le disgustó mucho perder a estos dos doctores, que por entonces ya conocían bien las necesidades y problemas de Labrador, pero se sintió aliviado al saber que se habían presentado dos nuevos candidatos: el doctor Fred Willway, cuya presencia era un préstamo de la Sociedad Misionera de Londres, y el doctor John Bennetts, que esperaba transformarse en miembro permanente de la misión.

Los dos nuevos doctores, junto con las enfermeras Celia Williams y Ada Carwardine, navegaron hacia San Juan a bordo del *Albert*. Sin embargo, el comité de la misión había decidido que el barco no permaneciese en la costa de Labrador aquel verano, ya que se le necesitaba de regreso en el mar del Norte. Así que, para sustituirlo, fueron enviadas dos nuevas embarcaciones para dar servicio junto con el *Princess May*. La primera de esta naves fue bautizada *Sir Donald*, en honor a Sir Donald Smith, el donante que había provisto el dinero para comprarla. Era un vapor de veintitrés metros de eslora y más de cuatro metros de manga, y se esperaba que estuviese equipado y listo para el servicio cuando Wilfred llegara a San Juan. El *Sir Donald* había sido construido pensando en las duras condiciones de la costa de Labrador, y suponía una gran mejora respecto al *Princess May*. Este había sido construido como un vapor de río, y las circunstancias de Labrador lo habían forzado más allá de su capacidad el verano anterior. Al regresar a su puerto base en San Juan los conductos de su caldera goteaban y el árbol de la hélice estaba de nuevo doblado. A resultas de ello se encontraba por entonces en dique seco, siendo sometido a una reparación completa.

La segunda nave fue bautizada como *Euralia MacKinnon*. Era un velero de cinco metros de eslora y cubierta de popa, comprado gracias a un donativo de uno de los socios de Sir Donald. Lo habían comprado en Inglaterra y sería transportado hasta San Juan por un barco de vapor.

El 12 de junio de 1894, Wilfred puso rumbo a San Juan desde Liverpool a bordo del *SS Monica,* con el *Euralia MacKinnon* almacenado a salvo en sus bodegas. Con él viajaba el doctor Robert Wakefield, otro de los médicos que Wilfred había reclutado para aquel verano. Llegaron a San Juan de Terranova doce días después, donde se encontraron con la habitual bienvenida calurosa.

El *Princess May* se encontraba todavía en dique seco siendo reparado, y Wilfred se enteró de que el *Sir Donald* aún no estaba listo para el servicio. Se sentía ansioso por ascender la costa, pero se vio forzado a ser paciente. No fue hasta agosto cuando el *Sir Donald* estuvo finalmente preparado para navegar. Entusiasmado, Wilfred puso las calderas a funcionar y se encaminaron hacia el norte. El doctor Wakefield, que tenía facilidad para la mecánica, asumió el papel de ingeniero, y John Harvey, un capitán de Terranova, sirvió como pilotó.

Su primer destino fue Battle Harbor. El *Albert* había dejado en el hospital allí situado y en el de Indian Harbor a un doctor y una enfermera, y Wilfred estaba ansioso por saber cómo marchaban las cosas en ambos hospitales.

A medida que se aproximaban a Battle Harbor, decidió realizar una llegada triunfal en la nueva embarcación.

—Avante a toda máquina —ordenó una vez que pensó que el camino estaba despejado de rocas y arrecifes.

Estaban a punto de rodear el cabo que daba paso a Battle Harbor, con las banderas de la misión, izadas para la ocasión, ondeando en la brisa, cuando un ruido retumbante y chirriante salió del casco del *Sir Donald*. El barco se detuvo abruptamente y se inclinó hacia un costado. Había embarrancado en una roca. Pusieron el motor a funcionar hacia atrás a toda potencia, pero el bote había encallado rápidamente y empezó a ser batido por las olas. Solo había una cosa que pudiera hacerse. Bajaron un bote al agua y Wilfred y el capitán Harvey subieron a bordo y remaron hasta la orilla. Una vez allí escalaron un acantilado rocoso para llegar hasta la comunidad de Battle Harbor y pedir ayuda. Avergonzado, Wilfred le contó a todo el mundo lo ocurrido.

Baine Grieve, el comerciante que había donado el edificio para que se instalase el hospital de Battle Harbor se encontraba visitando el lugar, y tomando su lancha de vapor fue a remolcar al *Sir Donald*, liberarlo de las rocas y llevarlo a puerto.

El *Sir Donald* había sufrido graves daños. Su codaste se había torcido hacia un lado, asestando un golpe al timón, el árbol de la hélice se había partido en dos y la hélice se había perdido en el mar. Mientras examinaba los daños, Wilfred se sintió muy culpable al ver lo que había ocasionado su entusiasmo por hacer una entrada espectacular. Era evidente que el barco estaría fuera de servicio durante bastante tiempo.

Afortunadamente, el *Albert* se encontraba todavía anclado en el puerto, esperando la llegada de Wilfred. Ya había pasado la fecha en la que el capitán Trezisse debía haber iniciado el regreso a Inglaterra, pero accedió a remolcar al *Sir Donald* de regreso a San Juan, donde podrían realizársele reparaciones.

Con el *Albert* requerido de vuelta en Inglaterra, el *Sir Donald* averiado y el *Princess May* a muchos meses de estar completamente reparado, Wilfred solo disponía del velero *Euralia MacKinnon*. Sintiéndose decepcionado por lo que había sucedido, decidió aprovechar al máximo lo único que tenía. Aquel verano el *Euralia MacKinnon* surcó las aguas arriba y abajo por la costa de Labrador. Varios miembros del pueblo liveyere se turnaron para completar la tripulación de dos hombres y Wilfred disfrutó de unas condiciones de navegación excelentes. Le recordaban la época en la que él y Algernon habían navegado en el Reptil por el estuario del río Dee. El no poder transportar muchas provisiones en el *Euralia MacKinnon* le permitió conocer mejor a la gente de la costa. Tras atender a sus necesidades médicas y celebrar con ellos un sencillo servicio religioso, los habitantes del lugar le invitaban a sus hogares para saborear una comida y pasar una buena noche de descanso.

Wilfred visitó ambos hospitales y se quedó impresionado al ver todo lo que habían conseguido los doctores y enfermeras. Le dejó especialmente contento ver que el hospital de Indian Harbor estaba listo y funcionando perfectamente. Aquel verano, ambos hospitales atendieron en conjunto a mil trescientos seis pacientes.

Al aproximarse el invierno, Fred Willway se ofreció voluntario para permanecer en Battle Harbor. Planeaba hacerse con un tiro de perros y un *komatik* (trineo) y cuando el mar se congelase visitar las casas situadas a lo largo de la costa.

Como hiciera el verano anterior, Wilfred tomó notas sobre las gentes y lugares visitados. Un incidente en particular, ocurrido mientras navegaba por el interior de una solitaria ensenada, le venía una y otra vez al pensamiento. En una cabaña situada junto a la orilla, Wilfred encontró a una mujer con dos niños adolescentes. En el exterior había tres tumbas recientes. Pronto descubrió que el marido, que no había sido capaz de capturar muchos peces durante los meses de verano, había enviado a su esposa y sus dos hijos mayores a una caleta a pescar. Mientras estaban fuera, había matado a sus dos hijos menores y se había suicidado.

Wilfred entregó todas las provisiones que tenía a la desconsolada mujer y a los dos hijos supervivientes, y prometió visitarles en primavera para ver si quería permanecer en aquella ensenada o preferían mudarse a San Juan de Terranova. Tomasen la decisión que tomasen sabía que sus vidas no serían fáciles. No tenían a nadie para ayudarles, tampoco en San Juan, y la madre no sabía leer ni escribir. Todo lo que pudo hacer fue reunir a la familia y orar para que Dios los protegiese hasta que pudieran encontrarse de nuevo.

Wilfred descendió la costa de Labrador adelantándose por muy poco a la formación del hielo. Como de costumbre, el suyo fue el último barco en dirigirse al sur. De camino se detuvo en Square Island Harbor, donde vivían doce familias en una situación desesperada. Los comerciantes que solían detenerse a intercambiar harina, mantequilla y melaza por pescado salado y pieles de foca habían navegado a lo largo de la bahía sin detenerse. Con ocho largos meses de invierno por delante, aquellas familias se estaban quedando ya sin provisiones.

En una visita anterior a esta comunidad, Wilfred había conocido a un viejo pescador piadoso al que todo el mundo llamaba tío Jim. Cuando este le describió la situación, ambos se arrodillaron y se pusieron a orar. El tío Jim le pidió a Dios que «abriera las ventanas del cielo y les enviase provisiones». Wilfred asintió con un sincero amén, y ambos esperaron a ver qué ocurriría a continuación.

Wilfred pasó la noche en la cabaña de tío Jim. A la mañana siguiente, miró por la ventana y ¡vio anclada la goleta de un comerciante! Era uno de los barcos que había pasado por allí varios días antes. El capitán del navío explicó que les había atrapado una tormenta obligándoles a retroceder todo el camino hasta Square Island Harbor. Ya que estaba allí tomaría encantado las existencias de pescado salado y pieles de aquel asentamiento a cambio de harina, cerdo en salazón y té.

El tío Jim sonreía mientras se arrodillaba para dar gracias a Dios por haberlos librado a todos de morir de hambre. Su fe sencilla llenó de lágrimas los ojos de Wilfred.

Al llegar octubre ya estaba de regreso en San Juan, donde le esperaban noticias impactantes. ¡Los bancos de Terranova habían quebrado! Nadie podía decir exactamente por qué había ocurrido aquello, pero los negocios habían declarado la bancarrota, todos los oficiales del gobierno habían dimitido y había disturbios por las calles. El gobernador había enviado urgentemente un representante a Londres para rogar ayuda para la colonia. Wilfred aborrecía la idea de tener que marcharse en un momento de tanta conmoción, pero había prometido estar de vuelta en Inglaterra por navidades. Lo único que podía hacer era orar para que todo se arreglase. Mientras tanto, la esperanza de recibir más ayuda financiera por parte del gobierno o de la población de San Juan de Terranova se había reducido al mínimo.

Capítulo 9

Pomiuk

Wilfred regresó a San Juan en mayo de 1895, tras un exitoso invierno en Inglaterra. Aunque la metrópoli no se había ofrecido como fiadora para que Terranova pudiera solucionar sus problemas financieros, se habían dados muchos pasos positivos para dejar la colonia en una mejor situación económica. Los bancos canadienses se habían establecido allí, y el secretario del gobierno colonial había comprometido en prenda su fortuna privada para salvar al Banco Comercial. Todo esto trajo un nuevo aire de confianza al lugar.

El *Sir Donald* y el *Princess May* estaban ambos reparados y listos para un verano de trabajo. Además, ambos hospitales estaban equipados y grandes cantidades de medicamentos, instrumental, ropa y muebles se encontraban listas para su uso. Wilfred estaba convencido de que aquel sería el mejor verano de la misión, y se encontraba ansioso por embarcar en el *Sir Donald* y empezar su viaje al norte.

Tras un invierno difícil, cada vez que se detenían a lo largo del camino encontraban liveyeres al borde de la inanición. La gente salía a aclamarles cuando el *Sir Donald* entraba en sus bahías y puertos con sus banderas al viento. Pronto los peces capelán (eperlanos) empezaron a llegar en hordas y a apilarse en las playas ansiosos por desovar. Esto significaba el final del hambre para muchas familias a lo largo de la costa y, a medida que avanzaba el verano, la temporada de pesca se transformaba en la mejor que habían tenido en muchos años.

Ya era septiembre cuando Wilfred vigilaba la ensenada de Nachvak sobre la proa del *Sir Donald*, que surcaba las encrespadas aguas camino del punto más septentrional de su viaje. Había allí una aldea esquimal junto con un puesto avanzado de la Compañía de la Bahía de Hudson. Wilfred había oído que un hombre llamado George Ford dirigía el puesto, cuyo objetivo era adquirir pieles de zorro, visón y caribú a los esquimales.

Era mediodía cuando Wilfred divisó la estrecha abertura entre la rocosa y montañosa línea de costa que constituía la entrada a la ensenada. Feliz, giró el timón y se dirigió hacia la abertura. Una vez que hubo maniobrado hasta su interior, contempló ante él un fiordo de aproximadamente 800 metros de ancho. Las aguas del fiordo estaban tranquilas y claras, y Wilfred se quedó maravillado al contemplar los acantilados laterales de más de mil metros de altura, que hacían que su barco pareciese sumamente pequeño. A medio camino del fiordo pudo ver un largo embarcadero y navegó hasta él.

Cuando al fin atracaron, un grupo de unos setenta esquimales se habían reunido para dar la bienvenida a Wilfred. Aunque nunca antes había navegado tan al norte, todo el mundo parecía saber quién era y a qué había ido.

Pocos minutos después de amarrar el *Sir Donald* los enfermos y heridos hacían cola para que Wilfred los tratase. George Ford estaba también allí colaborando con él, explicándole los diferentes síntomas y traduciendo los diagnósticos y tratamientos a los diferentes pacientes en su propio idioma. Aproximadamente una hora después, tras atender a todo el mundo, Wilfred le preguntó a George si podían celebrar un culto. Este accedió y ofreció su puesto comercial como lugar para hacerlo, colaborando una vez más como intérprete.

Los esquimales, muchos de los cuales se habían convertido gracias al contacto con los misioneros moravos, estaban muy contentos de poder escuchar un sermón. Se quedaron especialmente emocionados cuando Wilfred sacó su «linterna mágica» y les mostró diapositivas que mostraban escenas de tiempos bíblicos. Al ver los camellos rieron y preguntaron si aquellos animales existían de verdad. El culto terminó con el cántico de varios conmovedores himnos, que todo el mundo cantó con gran entusiasmo.

Cuando terminaron ya era la hora de la cena y George invitó a Wilfred y a la tripulación del *Sir Donald* a comer con él y pasar la noche en el puesto. Tras cenar filetes de caribú y unas hojas de diente de león que Wilfred había llevado, él y George se sentaron junto a la estufa de hierro para mantener una larga charla. Wilfred deseaba saber si George tenía noticia de otras comunidades esquimales que tuviesen necesidades médicas, y George deseaba recibir las últimas noticias «del sur».

Hacia la medianoche la conversación se fue apagando y de repente a George se le iluminó el rostro.

—Ah, casi se me olvidaba. Tengo una extraña historia que contarle, doctor.

Wilfred se enderezó un poco en su asiento.

—Me encantan las historias extrañas —respondió—, y sin duda debe haber muchas de ellas que contar a lo largo de esta costa. Dígame.

George se levantó y se dirigió hacia un escritorio de donde sacó dos sobres. Después se sentó de nuevo.

—Como puede ver, tengo aquí dos cartas. La primera es de la Compañía de la Bahía de Hudson. —Se inclinó hacia delante y le mostró a Wilfred el logotipo de la compañía en la parte superior de la carta. —La carta llegó a través de un barco correo hará un mes, y me pide que haga lo que pueda por encontrar a un chico esquimal llamado Pomiuk. Si lo encuentro, debo leerle esta segunda carta.

—¿Por qué? —preguntó Wilfred—. ¿Quién es Pomiuk?

—Un muchacho con un extraño pasado —respondió George—. A su padre lo mataron cuando era muy joven, y a su madre la tomó otro hombre, llamado Kupah. Parece ser que Kupah nunca tuvo mucho tiempo que dedicar al muchacho, al que se le dejó hacer más o menos todo lo que quiso. Hace cinco años, cuando Pomiuk tenía ocho años de edad, un hombre blanco que representaba a la Feria Mundial de Chicago llegó a la ensenada de Nachvak. Trajo con él un intérprete y explicó a los residentes locales que podrían ganar mucho dinero si se iban con él a

Estados Unidos. La mayoría de los esquimales eran demasiado precavidos como para alejarse tanto de casa y confiar su bienestar a un extraño, pero Kupah era codicioso así que decidió que él y Pomiuk realizarían el viaje. Ambos terminaron formando parte de una exhibición sobre «el país de los esquimales» durante la Feria Mundial.

Wilfred soltó un silbido.

—Puedo imaginar cuán diferente debe de haber sido todo para ellos. La comida, los edificios, el clima, las grandes muchedumbres.

—Sí, la mayoría de la gente estaba ansiosa por tocar a los esquimales o verles realizar truquitos. Pomiuk, a sus ocho años, era el favorito de la multitud, especialmente por su destreza para manejar el látigo para perros. La gente arrojaba monedas a un banco y Pomiuk las recogía dando un latigazo. —George se inclinó hacia delante, abrió la puerta de la estufa y atizó el fuego. —De todas formas, todo pareció ir bien hasta que Pomiuk se cayó de una escalera y se rompió el fémur. A partir de ahí dejó de ser útil para la exhibición y todo lo que pudo hacer fue permanecer sentado mendigando en el exterior de la exhibición sobre la Tierra de los esquimales. Así fue como conoció al reverendo Charles Carpenter. Éste, de joven, había sido misionero en la costa sur de Labrador. Aunque no hablaba la lengua de Pomiuk, ambos se hicieron buenos amigos, y el reverendo iba a verlo todos los días para llevarle comida y hacerle compañía. No obstante, el reverendo Carpenter solo estaba allí para visitar la Feria Mundial de Chicago, y hubo un momento en que tuvo que volver a Boston. Al partir, le dejó a Pomiuk una foto y una carta para que se acordase de él. Cuando terminó la Feria dejaron de necesitar a los esquimales, así que los llevaron hasta San Juan de Terranova y les dijeron que desde allí debían volver a casa por sus propios medios.

Wilfred balanceó incrédulo la cabeza.

—¡Pero eso son más de mil seiscientos kilómetros! —exclamó.

George asintió.

—Lo sé, y además el fémur de Pomiuk no había sanado adecuadamente. De hecho, tengo entendido que cuando ocurrió el accidente nadie se había molestado siquiera en llevarle a un médico para que le tratase.

—Y bien, ¿dónde está el chico ahora? Ya debe de tener unos trece años —dijo Wilfred.

—Eso es lo que el reverendo Carpenter desea averiguar. Al parecer, tiene una carta que Pomiuk dictó a un cazador que pasaba por allí, pero nada más, así que escribió a la Compañía de la Bahía de Hudson para preguntar si sabíamos algo de él. Hasta hace una semana le habría respondido que no, pero conocí a un trampero que me habló de un chico que había visto en el sur, a unos quince kilómetros al norte del fiordo, y que yacía en una tienda enfermo, de hecho me dijo que estaba muriéndose. Me parece que podría ser Pomiuk, y si estuviese seguro de que era él buscaría alguna forma de hacerle llegar la carta.

—Qué extraño debe de haberles resultado a los esquimales ir a Chicago y que los observasen como a animales en el zoológico, y que además no hayan cuidado adecuadamente de uno de ellos cuando cayó enfermo. ¡Es inexcusable! —dijo Wilfred.

Aquella noche, a pesar de que yacía en una cama confortable por primera vez en muchas semanas, no conseguía conciliar el sueño. Le resultaba imposible

dejar de pensar en Pomiuk. Oró una y otra vez para
que Dios le guiase hasta el chico y pudiese ayudarlo.
Al llegar la mañana le hizo a George un desafío.

—Dices que crees que el chico está a unos quince kilómetros al norte del fiordo. ¿Por qué no vamos
hasta allí con el *Sir Donald* y vemos si podemos en-
contrarlo? Yo podría hacer algo por él, y tú podrías
informar que has entregado la carta.

—Me propones algo que nunca habría hecho solo
—replicó George—, pero he escuchado tantas historias sobre tus correrías que creo que contigo a mi
lado estaré a salvo. De acuerdo, hagámoslo juntos.

Hacia la hora del almuerzo el *Sir Donald* navegaba a toda máquina hacia el norte del fiordo. Wilfred
y George permanecieron en cubierta, turnándose en
el uso del catalejo para escudriñar los peñascos es-
parcidos al pie de los acantilados rocosos. Algunos
de estos peñascos tenían seis metros de altura y Wilfred empezó a sentirse como quien busca una aguja
en un pajar. La tienda de piel que estaban buscando
seguro que se confundía perfectamente con el fondo
gris de la costa, y si la habían levantado utilizando
un peñasco para protegerse del viento nunca conse-
guirían verla. Sin embargo, mientras oraba, Wilfred
sintió que debían continuar buscando. No estaba seguro de por qué era tan importante encontrar a un
muchacho esquimal moribundo, pero en su interior
sabía que lo era.

Las aguas estaban tranquilas, así que cuando
cayó la noche Wilfred ancló el *Sir Donald* cerca de
la orilla y esperó a que amaneciera para continuar
la búsqueda.

Al día siguiente, George y Wilfred tomaron una
canoa y navegaron hasta la orilla para poder escalar
uno de los acantilados y obtener una vista mejor de

lo que les rodeaba. Desde la cumbre del acantilado Wilfred oteó el paisaje, fijándose en una enorme cascada que descendía por un acantilado lejano. Mientras la observaba, su mirada recayó en un pequeño objeto puntiagudo cerca de la cascada. Ajustó el foco de su catalejo y sí, estaba seguro, era una tienda.

Llenos de júbilo, ambos hombres treparon hasta aquel lugar y tras gritar un saludo, levantaron la cubierta de la tienda. Olieron a Pomiuk antes de que este pudiera verlos. Estaba cubierto con una vieja piel de reno, su propia piel estaba amarilla y en su cara había una mueca de dolor. Sus ojos castaños observaban con miedo a los dos visitantes que habían aparecido sorpresivamente.

Una mujer que estaba en la tienda con el chico permaneció sentada inmóvil, mirándoles también fijamente. George intercambió unas pocas palabras con ellos y luego asintiendo le dijo a Wilfred:

—Sí, este es el muchacho que estábamos buscando. Lleva una semana sin moverse, y no quiere comer.

Lentamente, Wilfred gateó hacia donde estaba el chico y retiró la piel de reno. Pomiuk vestía una chaqueta de piel, pero de cintura para abajo estaba desnudo. Su muslo estaba cubierto de heridas abiertas, justo donde Wilfred suponía que sus huesos rotos sin sanar habían producido una infección. Si no se le proporcionaba ayuda inmediata, Wilfred le daba apenas unas horas de vida.

Justo en ese momento apareció otra persona en la tienda. Se presentó como Kupah, el padrastro del muchacho.

—Diles que debemos llevárnoslo en el *Sir Donald* al hospital de Indian Harbor y que le traeremos de vuelta cuando esté mejor —dijo Wilfred a George.

George le transmitió el mensaje a Kupah, quien encogiéndose de hombros dijo:

—Llévenselo. No puede viajar con nosotros y necesitamos ir a los campos de caza.

Con mucho cuidado, Wilfred levantó la piel de reno con Pomiuk en su interior y le llevó en brazos fuera de la tienda. Pudo calcular que el chico pesaría unos cuarenta kilos, poca carga para alguien tan en forma como Wilfred.

Los dos hombres y el chico hicieron el camino de vuelta hasta la canoa y de allí navegaron hasta el *Sir Donald*. Wilfred lavó y vendó inmediatamente las heridas de Pomiuk. Por ahora era todo lo que podía hacer; sabía que tenía que llevar a Pomiuk rápidamente al hospital.

Wilfred encontró una bolsita de piel de reno colgada del cuello de Pomiuk. La tomó y la abrió. Dentro encontró la fotografía de un hombre anciano y un pedazo de papel que resultó ser una carta del reverendo Carpenter, en la que expresaba a Pomiuk sus buenos deseos y le decía que estaba orando por él. Wilfred señaló a la foto y dijo:

—¿Reverendo Carpenter?

Pomiuk asintió.

—Sí —dijo en un inglés inseguro—. Yo conozco a él. Yo hasta amo a él.

—Y yo estoy seguro de que él también te quiere —respondió Wilfred, sorprendido del mucho inglés que sabía hablar Pomiuk.

Una vez que George hubo desembarcado, el *Sir Donald* empezó su viaje de regreso a Indian Harbor. Cuando no estaba al timón, Wilfred pasaba muchas horas cuidando las heridas de Pomiuk y enseñándole inglés. También actuó representando muchas historias bíblicas, que hicieron a Pomiuk reír con ganas. Además, Pomiuk aprendió varios himnos, y aunque sus heridas seguían doliéndole mucho, a menudo yacía en su cama cantando alegremente.

Wilfred encontró mucho que admirar en el valiente niño al que cuidaba, y oró para que Pomiuk encontrara a Cristo a través de las historias bíblicas que escuchaba cada día. Cuando el *Sir Donald* atracó en Hopedale para cargar más carbón con el que alimentar la caldera, Wilfred pidió a los moravos que compartiesen con Pomiuk el mensaje del evangelio en su propia lengua. Para alegría de todos el muchacho lo aceptó de inmediato y pidió ser bautizado. Celebraron un pequeño culto de bautismo y se le dio el nombre cristiano de Gabriel, mientras un acordeón acompañaba su vigorosa forma de cantar los himnos.

A continuación, el *Sir Donald* navegó sin detenerse hasta llegar a Indian Harbor, donde Pomiuk fue hospitalizado y se le inmovilizó la pierna. Wilfred escribió a Boston al reverendo Carpenter para contarle acerca de Pomiuk, quien a pesar de no estar completamente fuera de peligro, estaba respondiendo bien al tratamiento y permanecería en el hospital de Indian Harbor durante todo el invierno.

Al cabo de dos semanas llegó la respuesta. En su carta, el reverendo Carpenter agradecía a Wilfred por cuidar de Pomiuk y le preguntaba cuál sería el coste de la estancia del muchacho en el hospital durante el invierno. El reverendo Carpenter explicaba que él era el responsable de escribir la página de los niños en el periódico de su denominación, *El Congregacionalista*. Desde su primer encuentro con Pomiuk les había hablado a los niños acerca de él, y ahora que lo habían encontrado, cientos de niños de todo Estados Unidos le estaban enviando dinero y ropa.

Pero aún había más: el reverendo Carpenter le dijo a Wilfred que quería reunirse con él, y le invitó a visitar Boston durante los meses de invierno. Como ya se había comprometido a hablar en varias ciudades canadienses, decidió ampliar su viaje e incluir también Boston. Wilfred había recorrido apenas poco más de trescientos kilómetros a bordo del *Sir Donald* hacia el sur, cuando Celia Williams le envió noticias de que Pomiuk había empeorado y que no sabía qué hacer con él.

A pesar de la llegada del invierno y el traicionero hielo que lo acompañaba, hizo dar media vuelta al vapor y regresó para ocuparse de Pomiuk. A medida que avanzaban hacia el norte se fueron formando carámbanos de hielo en los pasamanos del barco, pero consiguieron llegar a Indian Harbor sin incidentes, y Wilfred pudo estabilizar de nuevo a Pomiuk. Finalmente decidieron que este recibiría mejores cuidados junto al doctor Robinson, que iba a pasar el invierno ochenta kilómetros al sur de Indian Harbor, como huésped del encargado del puesto avanzado de la Compañía de la Bahía de Hudson en Rigolet Harbor. Dicho encargado tenía una gran casa y se sintió feliz de que pudiera utilizarse como hospital durante el invierno.

Como el hospital provisional de Rigolet permanecería abierto, el doctor Willway y la enfermera Williams decidieron no quedarse en Indian Harbor y volver a Inglaterra a pasar el invierno. Técnicamente, el doctor Willway era solamente un préstamo de la Sociedad Misionera de Londres y tenía la obligación de informar de sus actividades a sus superiores en la misión.

Wilfred subió a bordo a Fred Willway, Celia Williams y a Pomiuk y se dirigió al sur lo más rápido que le permitieron las calderas del *Sir Donald*. A
lo largo del camino, Pomiuk, que había aprendido
a escribir y dibujar mientras estaba hospitalizado,
fue realizando un montón de dibujos y escribiendo
cartas dirigidas al reverendo Carpenter. Wilfred las
guardó en su escritorio con la esperanza de entregár-
selas personalmente poco después de las navidades.

Primero desembarcaron a Pomiuk en Rigolet y
luego prosiguieron hasta Battle Harbor, donde se
detuvieron para realizar una rápida visita a la enfermera Ada Carwardine. Por entonces empezó a nevar
y se fueron formando pequeñas placas alargadas de
hielo que desde tierra avanzaban hacia el mar. Todas las goletas de pesca se habían marchado al sur
a pasar el invierno, y solo los liveyeres y unos pocos
esquimales se quedaban a lo largo de la costa durante aquella estación.

La enfermera Carwardine aceptó quedarse en
Battle Harbor a pasar la temporada invernal y mantener el hospital abierto. Wilfred se quedó admirado
de su valor; iba a ser un invierno largo y solitario.
Sería la primera enfermera que pasase el invierno
en la costa de Labrador. Solo mantener su propia
temperatura y la del hospital a un nivel aceptable ya
constituiría todo un desafío. Los misioneros celebraron un culto y oraron por ella antes de apresurarse
a abordar de nuevo el *Sir Donald,* con la esperanza
de vencer a los bloques de hielo que aumentaban de
tamaño a cada minuto.

Wilfred puso rumbo a St. Anthony, en la punta septentrional de la isla de Terranova. Allí dejó a
Celia y Fred, de forma que pudieran embarcarse en

un vapor correo más rápido hasta San Juan de Terranova, desde donde podrían subir a un barco de
la naviera Allen con destino a Londres. Wilfred les
entregó una carta dirigida al consejo de la misión,
explicándoles que pasaría el invierno en Canadá y
los Estados Unidos, donde informaría acerca de la
labor que realizaba y esperaba poder también recaudar fondos para la misión.

Una vez que partió el vapor correo, Wilfred continuó su camino a lo largo de la costa de Terranova
hasta llegar finalmente a San Juan. Allí mantuvo
varias reuniones y revisó el estado de muchos de los
pescadores que habían sido tratados por los doctores de la misión durante el verano. Una vez hubo
hecho todo lo que podía, tomó un barco de pasajeros
hacia Halifax, Canadá, para empezar su recorrido
invernal de conferencias.

De todas las historias que contaba durante sus
charlas, pronto descubrió que la de Pomiuk era la
que más tocaba el corazón de la gente. Viajó a Montreal y después a Toronto, y agradeció a Dios por el
gran éxito que había supuesto el tiempo pasado en
Canadá. No tenía ni idea de que pronto se quedaría
pequeño en comparación con lo que iba a ocurrir en
su visita a Boston.

A principios de enero de 1896, Wilfred cruzó la
frontera y entró en Estados Unidos de América por
primera vez. Después tomó un tren hacia Boston.

A Wilfred le pareció como si el reverendo Carpenter conociese a todo el mundo en la ciudad, y los
corazones de miles de personas ya habían resultado
previamente conmovidos por la historia de Pomiuk.
Cuando Wilfred fue a hablar en la iglesia del reverendo, todos los bancos se llenaron rápidamente y

hubo gente que permaneció en pie en la parte de atrás durante todo el culto. Cada conferencia que el reverendo Carpenter conseguía organizarle a Wilfred daba lugar a tres más, y este no tardó mucho en ser la comidilla de toda la ciudad. Hasta los periódicos llevaban la noticia de los lugares donde Wilfred iba a hablar y lo que se esperaba que dijera.

Una mujer joven, Emma White, asistió a muchas de las conferencias de Wilfred. Trabajaba como bibliotecaria de las oficinas centrales de la Iglesia Congregacional en Boston, y se mostró tan entusiasmada ante la posibilidad de ayudar a la gente de Terranova y Labrador que se ofreció a formar allí un comité de apoyo a la obra de Wilfred. Otro amigo del reverendo Carpenter, Arthur Estabrook, uno de los más importantes banqueros de la ciudad, se ofreció a formar parte de dicho comité y a pagar los gastos de sus oficinas.

Cuando llegó el momento de dejar Boston, Wilfred se sentía emocionado por el interés que todos mostraban por su trabajo. Cientos de líderes de iglesias le preguntaron qué podían hacer para ayudarlo, y a todos les pidió lo mismo: Si pueden, vengan a ayudar; si no pueden, oren y ofrenden. Wilfred sabía que la mayoría del interés que se había despertado era el resultado directo de haber ido a buscar a Pomiuk, así que dio gracias a Dios por haberle impulsado a encontrar al muchacho.

Su éxito en Boston hizo que le invitaran a hablar en Nueva York. Wilfred decidió aprovechar al máximo su estancia en Estados Unidos, así que aceptó y se dirigió hacia el sur. Cuando llegó a Nueva York se encontró dos cartas esperándolo. La primera era del consejo de The National Mission to Deep Sea

Fishermen. Al abrir el sobre sintió que un escalofrío le recorría todo el cuerpo. Decía: «Doctor Grenfell, le solicitamos que vuelva a casa, si es posible a tiempo de participar en la Reunión anual, de forma que el consejo pueda hacer los arreglos necesarios para que en el futuro desempeñe TODA su labor en Inglaterra».

La segunda carta era de su viejo amigo y mentor el doctor Treves, que intentaba explicar a Wilfred porque le pedían que volviese a Inglaterra: «Has fundado la misión en Labrador», leyó Wilfred, «y realizado el trabajo pionero, pero el mar del Norte está sufriendo. Las cosas no marchan tan bien en Gorleston, y es tu deber regresar aquí». La palabra *deber* estaba subrayada.

Wilfred sabía que tenía que regresar a Inglaterra, pero sentía que antes debía hacer una cosa más. Quería navegar a bordo de un barco de cazadores de focas para tomar nota de las condiciones en las que trabajaban aquellos hombres y ver la posibilidad de enviar misioneros a bordo de los propios barcos de caza. Era consciente de que se trataba de una tarea especialmente peligrosa, pero sentía que alguien tenía que hacerla, y Wilfred nunca pediría a otro misionero que hiciera algo que él mismo no estuviese dispuesto a hacer.

Capítulo 10

Caza de focas

A mediodía del 30 de marzo de 1896, las campanas de la iglesia de San Juan empezaron a repicar con fuerza. Wilfred estaba en la cubierta del *Greenland*, atestada por trescientos cazadores de focas que se agolpaban a un costado. Cuando las campanas empezaron a tocar una gran aclamación partió de ellos, la señal de que la temporada de cinco semanas de la caza de focas había comenzado oficialmente. Las sirenas del barco ululaban y las banderas ondeaban movidas por la gélida brisa.

Finalmente, tras años de oír hablar de ellas, Wilfred iba a participar en una cacería de focas. Cuatro años antes, al llegar a San Juan de Terranova, le habían contado que a mediados de febrero grandes placas de hielo se desprendían del Ártico y flotaban hacia el sur empujadas por los vientos primaverales. Encaramadas a esas placas había cientos de miles de focas pías y focas capuchinas que utilizaban los témpanos como forma de recorrer la distancia hasta el estrecho de Belle Island, entre Terranova y Labrador, donde los vientos cesaban y las placas de hielo permanecían balanceándose. Allí las focas hembras daban a luz a sus cachorros. Los bebés foca crecían en las placas de hielo y al cabo de un mes llegaban a pesar más de veinte kilos. En ese momento eran lo suficientemente grandes como para capturar peces por sí mismas, y daba inicio la temporada de caza de focas.

Rápidamente se levantó una nube de vapor y pronto veinte o más barcos compitieron por un lugar por donde salir del cuello de botella que formaba el puerto de San Juan. El *Greenland* se situó entre el *Neptune* y el *Windsor*, alineados para pasar entre los acantilados y correr hacia el estrecho de Belle Isle para obtener su cuota de pieles de foca.

A excepción de su maletín de doctor, que llevaba colgado de un hombro, Wilfred se asemejaba en todo a sus compañeros cazadores, ataviado con unos gruesos pantalones y chaqueta de lana, gorro de piel y botas hasta las rodillas. Mientras el *Greenland* avanzaba hacia aguas abiertas, Wilfred se mezcló entre los cazadores para reencontrarse con todos los que había conocido durante los pasados veranos, cuando trabajaban en los barcos de pesca, y presentarse a aquellos cuyos rostros no le eran familiares. Había una atmósfera de gran excitación, todo el mundo tenía los nervios a flor de piel. Si las cosas iban bien, los cazadores tendrían dinero para comprar el equipamiento de pesca necesario para el verano. Si salían mal, ellos y sus familias vivirían apurados hasta el año siguiente, cuando tendrían una nueva oportunidad de intentarlo con las pieles de foca.

El *Greenland* avanzaba rápidamente. La primera noche fuera de San Juan, todos los que no tuvieron turno de vigilancia durmieron en la bodega del barco sobre colchones de paja. Estar en el interior era un lujo. Tan pronto como la bodega de carga empezara a llenarse de pieles de foca, la tripulación tendría que extender sus colchonetas sobre la cubierta helada y dormir allí.

A la mañana siguiente Wilfred se levantó muy temprano. Realizó su habitual rutina de ejercicios a la que siguió una zambullida en las aguas heladas. Mientras los demás se despertaban, amarró al mástil principal una escalera que había llevado con él. Después se subió hasta el peldaño superior y con un brazo agarrado a este para soportar el balanceo del barco, predicó el primer sermón de su viaje. Fue breve y directo, un mensaje con el que todos, independientemente de su nivel cultural, pudieran identificarse. Después descendió, repartió algunos himnarios y empezó a cantar. Muchos de los hombres se le unieron, y el barco no tardó en vibrar con el sonido de los himnos.

Al terminar el culto, Wilfred se unió al resto de los hombres en la tarea de fregar la cubierta y desenredar las cuerdas. Mientras lo hacía, estuvo atento a aquellos cazadores que quisieran discutir su mensaje con más profundidad y encontró a varios hombres que deseaban que compartiera con ellos algo más sobre su fe cristiana.

El *Greenland* y varios otros barcos llegaron al estrecho al mismo tiempo. Wilfred contempló por la borda un espectáculo maravilloso. Llevadas por el viento y la marea, enormes placas de hielo se agitaban arriba y abajo sobre las aguas. El capitán escaló por el aparejo y subió gateando a una gran cesta amarrada al palo mayor. Sacó un catalejo de su bolsillo y empezó a otear el horizonte.

—¡Veinte grados al norte! —gritó—. Es una vena amplia, debería permitirnos el paso.

Wilfred observó como el piloto rotaba el timón y el *Greenland* se encaminaba hacia el norte rompiendo una fina placa de hielo. Elevó una rápida oración en voz baja. Sabía que esta era la parte más peligrosa del viaje. El capitán buscaba venas, o caminos a través del hielo, pero si el viento cambiaba, dichas venas podían cerrarse en un instante, aplastando el barco como si fuese una nuez. Wilfred escuchaba como el casco crujía y se quejaba, pero lograba aguantar, y el barco navegó a todo vapor hacia el norte a través de la vena.

Entonces el capitán gritó:

—¡Focas a la vista, muchachos! ¡Prepárense para desembarcar!

En un instante cientos de hombres se pusieron en acción, agarrando su equipo de caza, que consistía en un garrote o estaca para matar a las focas y un trozo de cuerda con el que arrastrar las pieles de vuelta al barco, y tomando consigo una pequeña bolsa de lona con su ración de comida, que era una mezcla de harina de avena y azúcar que podían humedecer con hielo derretido y consumir sobre la propia placa de hielo.

Wilfred había planeado saltar la borda con los cazadores de focas, pero no equipado para la caza, sino con su maletín médico. Sabía que en el esfuerzo de aquellos hombres por capturar todas las focas que pudieran muchos resultarían heridos.

Al contemplar las placas de hielo pudo ver miles de focas grandes y marrones, muchas con cachorros revestidos de blanco a su lado. Era un espectáculo asombroso y por un momento echó de menos que su padre hubiese estado a su lado. El padre de Wilfred había sido un enamorado de la geografía y se habría quedado fascinado al ver algo sobre lo que tan solo había leído.

Pero había poco tiempo para reflexionar sobre el pasado; mientras doscientos ochenta de los hombres descendían al hielo descolgándose por cuerdas, los restantes veinte hombres esperarían su turno quedándose en el navío. Wilfred agarró su maletín y su ración de comida y se unió a la multitud. Al descender sobre la placa de hielo comprobó que no era tan lisa como parecía desde el barco. De hecho estaba bastante agrietada, y presentaba lugares con muescas puntiagudas. Correr por ella y sufrir una caída era una forma segura de herirse las piernas.

Los hombres avanzaban atados en parejas, de forma que si uno de los cazadores caía a través del hielo, el otro tuviera la oportunidad de rescatarlo. Si ambos caían juntos las esperanzas de sobrevivir eran mínimas. Wilfred no tenía compañero, así que procuró seguir de cerca a los hombres, pisando en el lugar exacto donde hubiese una huella.

Pronto empezó la caza. Los hombres se dirigían primero a las focas de piel blanca, arrancándosela en el acto. Las pieles se apilaban y eran arrastradas hasta el *Greenland,* donde se almacenaban en la bodega de carga.

Wilfred contempló la escena fascinado, hasta que los heridos empezaron a llamarlo. Algunos cazadores se habían cortado con el hielo, otros con los cuchillos utilizados para despellejar a las focas. Aún otros se habían dislocado o roto un tobillo al correr a través de aquella superficie desigual. Todos se alegraban de poder contar allí mismo con un medico, y su esperanza era recibir una cura rápida que les permitiese continuar cazando. A Wilfred esto no le extrañaba en absoluto. Las pieles blancas alcanzaban en el mercado un valor de diez chelines. Para aquellos hombres no había ninguna otra actividad concebible que les permitiese ganar tanto dinero de forma tan rápida.

Wilfred estuvo ocupado hasta bien entrada la tarde, cuando, de repente, el viento amainó. Levantó la vista y vio que el *Greenland* había desaparecido en el horizonte. Él y otros treinta hombres a su alrededor estaban solos en el hielo. Era una situación preocupante, pero Wilfred sabía que no debían asustarse. El capitán sabía dónde estaban y volvería por ellos tan pronto como pudiese encontrar una vena por la que introducir el barco. Mientras tanto, el frío sería su mayor enemigo. Los hombres no se habían abrigado mucho, para poder correr por el hielo, por lo que al caer la noche empezaron a tiritar. Todos los años había hombres que se quedaban atrás y morían congelados sobre el hielo, y Wilfred no tenía intención de ser uno de ellos.

Afortunadamente, el grupo se encontraba sobre una gran placa de hielo, lo suficientemente grande como para hacer ejercicio sobre ella. Wilfred los puso a jugar a la pídola (juego tradicional que consiste en saltar por encima de cada jugador) para mantenerlos a todos calientes. Finalmente oscureció del todo. Los hombres untaron grasa de foca en sus estacas de madera y les prendieron fuego para atraer la atención del barco. Las horas fueron pasando y Wilfred mantuvo a los hombres haciendo ejercicio,

cantando y orando hasta que, alrededor de medianoche, vieron las luces distantes del *Greenland*. El
barco avanzó lentamente hacia ellos y a eso de la
una los hombres estaban de vuelta a bordo a salvo. Por entonces, varios de ellos habían sufrido congelaciones y Wilfred se los llevó bajo cubierta para
curarlos.

Mientras pasaban los días, dedicados eficiente-
mente a la tarea de cazar, despellejar y almacenar
pieles de foca, las habilidades médicas de Wilfred
fueron necesarias a menudo.

El domingo estaba prohibido por ley practicar la
caza de focas, así que Wilfred dirigió un culto ma-
tutino especialmente prolongado, y esperaba poder
pasar tiempo hablando con los hombres en cubierta
por la tarde. Pero no pudo ser, poco después del almuerzo el vigía divisó un grupo de unos veinte hombres avanzando con dificultad por el hielo. Wilfred y
los cazadores se quedaron observándoles mientras
estos se aproximaban, hasta que finalmente estuvieron a la distancia de un grito.

—¡¿De dónde vienen?! —gritó el capitán.

—¡Del *SS Wolf*! —fue la respuesta—. ¡Se fue a
pique y nosotros nos desplegamos para pedir ayuda!

Pronto aquellos hombres estaban bebiendo té
caliente a bordo del *Greenland* y contando lo que
había ocurrido. Temprano por la mañana una brisa
del sur había alejado el hielo de la costa meridional
de la Isla Fogo. El *Wolf* había logrado abrirse paso
hacia el norte entre la isla y el flujo de hielo, cuando
súbitamente el viento cambió de dirección, dirigien-
do otra vez las placas de hielo de vuelta a la costa. El
Wolf estaba atrapado. El capitán intentó maniobrar
su barco hasta un pequeño saliente congelado en

una cara del acantilado. Aquello no fue suficiente para mantener el barco a salvo, pero al menos les dio a los tripulantes tiempo para saltar por la borda antes de que el impacto del hielo aplastase el barco, enviándolo al fondo del océano.

Aquellos hombres les informaron de que casi todo el mundo había conseguido saltar del barco, pero habían quedado a la deriva sobre el hielo y necesitaban que los recogiesen lo antes posible. Era necesaria la colaboración de todos, y el *Greenland* puso rumbo en dirección a la isla.

Mientras manejaba las cuerdas, Wilfred pensaba en todas las esperanzas que habían resultado aplastadas junto con el *SS Wolf*. Trescientos cazadores de focas se habían quedado sin un penique y su capitán se había arruinado, todo debido al poder del hielo.

Más tarde aquel mismo día, el *Greenland* y varios otros barcos dedicados a la caza de focas pudieron rescatar a los hombres del *SS Wolf*.

Tras este incidente la caza siguió su curso, y cuando el *Greenland* inició el camino de regreso a San Juan de Terranova, llevaba bien resguardadas en su bodega pieles por valor de cuarenta y tres mil dólares. Aunque Wilfred había dado prioridad a sus otras tareas, también se las apañó para llevar al barco su propia porción de pieles, algo que dejó impresionados a los hombres. Cuando llegaron a puerto estos hicieron una colecta y entregaron a Wilfred treinta y siete dólares para los fondos de la misión. Le dijeron que habían agradecido llevar a bordo a un médico y pastor, y le animaron a volver al año siguiente. Este les dijo que lo intentaría, pero la carta que le había enviado la misión le pesaba fuertemente en el corazón.

Mientras el barco de línea que le llevaba de vuelta a Inglaterra se alejaba del puerto de San Juan, Wilfred se preguntó si volvería a ver de nuevo a la gente de la costa a la que había tomado tanto cariño.

Capítulo 11

Sociedad Cooperativa de Red Bay

El 1 de mayo de 1896 Wilfred se encontraba en pie ante el consejo de The National Mission to Deep Sea Fishermen, presentando un informe sobre el trabajo desarrollado en Terranova y Labrador. En general, el consejo estaba impresionado por todo lo que se había hecho y por el dinero que se había recaudado en Canadá y Estados Unidos, pero había algo en el trabajo de Wilfred que les resultaba molesto. Durante su tiempo fuera, habían llegado a la conclusión de que la labor que realizaba al otro lado del Atlántico había llegado a estar demasiado vinculada con el nombre de Wilfred Grenfell. Para ilustrar esta preocupación, le mostraron cartas cuyos remitentes las habían dirigido a la «Misión Grenfell», cuando de hecho tenía como destinataria The National Mission to Deep Sea Fishermen.

Wilfred tuvo la impresión de que aquel asunto ya había sido tratado exhaustivamente antes de su regreso a Inglaterra, y de que el consejo tenía ya su decisión tomada. En efecto, le anunciaron que habían decidido nombrar al doctor Fred Willway para que se hiciese cargo de la obra en Labrador y Terranova. A Wilfred se le permitiría volver a Labrador un último verano con el fin de entrenar a su sucesor.

Wilfred quedó decepcionado por este giro en los acontecimientos, pero intentó ver su aspecto positivo. Admiraba mucho a Fred y sabía que sería un excelente líder de la obra. Además, ¡disponía de un último verano para poner en marcha algunas de sus ideas más atrevidas!

Tras una rápida visita a su madre y su hermano en Parkgate, Wilfred cruzó de nuevo el Atlántico en compañía de Fred, cuya esposa se encontraría con él en Terranova más adelante. Durante el viaje ambos hombres pasaron muchas horas en cubierta analizando el futuro del trabajo de la misión en Labrador.

Wilfred suspiraba por una situación en la que ya no se pasase hambre en la costa, en la que los hombres pudiesen encontrar trabajo durante los meses de invierno, y no solo en verano, y en la que los niños pudiesen ir a la escuela. En su mente, todo esto dependía de una sola cosa: conseguir acabar con el poder que los propietarios de las goletas y los negociantes de pescado tenían a lo largo de la costa. Durante los cuatro años anteriores en Labrador, había comprendido que ciertos negociantes controlaban partes de la línea costera y que todos los pescadores de esa zona tenían que venderles a ellos sus capturas. Los negociantes establecían los precios, y en caso de que los pescadores intentasen obtener un mayor beneficio en otro lugar, aquellos les ponían en una lista negra y ellos y sus colegas no volvían jamás a comprarles su pescado. Wilfred había visto casos en los que un pescador desesperado había canjeado algunas de sus capturas a cambio de leche para sus hijos y, en venganza, el negociante había rehusado venderle pólvora para su arma. Esto significaba que el pescador no podría cazar para obtener comida durante los meses de invierno

Todo esto había llevado a una situación donde los pescadores eran prácticamente propiedad de los negociantes, que les prestaban dinero para comprar equipamiento al inicio de la temporada de pesca y al final de la temporada les vendían comida y provisiones a precios exorbitantes para que pudieran sobrevivir durante el invierno.

Ningún pescador podía acabar con este sistema actuando en solitario, pues acabaría aplastado. La única solución consistía, le explicó Wilfred a Fred, en que los pescadores se agrupasen en cooperativas. De hecho, Wilfred ya les había sugerido esa idea a los pescadores de Red Bay, y estaba ansioso por encontrarse de nuevo con ellos para ver lo que habían avanzado en sus preparativos para establecer su propio almacén comercial en la bahía, y así trabajar directamente con los comerciantes de San Juan.

En cuanto llegaron a Terranova, Wilfred y Fred embarcaron a bordo del *Sir Donald* hacia el norte. El hielo se había retirado temprano, y no tuvieron dificultades para llegar rápidamente a Red Bay. Allí, en el lado norte del estrecho de Belle Isle, Wilfred reunió a los hombres de la comunidad en una vieja cabaña de pesca.

—¿Han pensando en lo que les dije? —preguntó a los pescadores.

Al principio nadie dijo nada; todos se removían inquietos en sus asientos y se miraban los unos a los otros. Ninguno quería ser el primero en hablar. Wilfred entendió por qué. Si los negociantes se enteraban de que los pescadores habían criticado su forma de hacer negocios, se vengarían de ellos. Finalmente, un viejo pescador tomó la palabra.

—He pensado mucho en ello, doctor, y creo que usted tiene razón. Ya es hora de que se hagan las cosas de forma diferente. Aquí tiene mi contribución para la cooperativa. No es mucho, y si tuviese más lo entregaría encantado. —Aquel hombre le entregó a Wilfred ocho dólares.

Estimulados por el ejemplo del viejo pescador, otros hombres empezaron a levantarse y apoyar la idea, entregando el dinero que habían conseguido ahorrar para el proyecto durante el año anterior.

Cuando todo el mundo hubo contribuido para el coste de establecimiento de la cooperativa, habían reunido ochenta y cinco dólares, que no eran suficientes como para sufragar todos los costes. Pero Wilfred también contribuyó con su propio dinero, y contaba además con el compromiso de tres comerciantes de San Juan dispuestos a apoyar el proyecto.

—Sé que no les ha resultado fácil dar este paso —les dijo—. Respeto el valor que han mostrado al decidir seguir adelante. Con la ayuda de Dios veremos desarrollarse una maravillosa forma nueva y honesta de comprar y vender. Ahora, permítanme que les explique algunas de las reglas de la cooperativa.

Wilfred les presentó las reglas de la nueva *Sociedad cooperativa de Red Bay*. Los miembros de la

Sociedad serían los cabezas de familia de la comunidad, y nombrarían al encargado del almacén. Todos los bienes se venderían por dinero; no se admitirían operaciones a crédito. Los productos que se vendiesen en el almacén de la cooperativa se venderían a precio de coste más los gastos de transporte desde San Juan, a lo que se añadiría un cinco por ciento para constituir una reserva de dinero para la Sociedad. A pesar de ello, los productos seguirían siendo mucho más baratos que los ofrecidos normalmente por los negociantes. Además, los miembros de la Sociedad acordaban vender sus capturas a la cooperativa. El pescado se enviaría a San Juan y se vendería por un precio justo en el mercado, y no por la suma despreciable que los negociantes les daban por sus capturas.

Todos quedaron satisfechos con las reglas y eligieron a William Pike, un respetado pescador de la comunidad, como encargado del almacén de la nueva cooperativa.

Cuando terminó la reunión, Wilfred salió al exterior y escribió con tiza en una de las paredes del edificio, con grandes letras mayúsculas: ALMACÉN DE LA COOPERATIVA DE RED BAY. Al verlo, los hombres sonrieron y se palmearon la espalda los unos a los otros.

A Wilfred le llevó una buena parte del verano levantar la cooperativa y ponerla a funcionar adecuadamente. Una vez estuvo operativa, navegó al norte para visitar a los hermanos moravos por última vez. Al llegar, descubrió que su presencia era extremadamente necesaria. Una epidemia de escarlatina se había extendido por la comunidad, así que se puso a cuidar a los que habían contraído la enfermedad.

El verano tocaba a su fin, era el momento de hacer virar al *Sir Donald* y dirigirse otra vez a San Juan. Cuando llegó allí le esperaban buenas noticias. La misión se había convertido oficialmente en la The Royal National Mission to Deep Sea Fishermen. La palabra «Real» añadida al nombre significaba que la misión contaba ahora con el respaldo personal de la Reina Victoria.

También le había llegado una carta informándole de que la misión consideraba que este era un buen momento para que, antes de volver a Inglaterra, hiciese otro viaje por Canadá y Estados Unidos para recaudar fondos.

Wilfred se alegró de tener otra oportunidad de visitar a muchos viejos amigos y aquel otoño partió contento a hacer su recorrido. Su viaje le llevó de Halifax a Montreal, y de allí a Boston, donde el reverendo Carpenter y Emma White le habían organizado la vez anterior una apretadísima agenda de conferencias. En esta ocasión, otro hombre cristiano celebraba también reuniones en Boston, nada menos que Dwight L. Moody. Habían pasado catorce años desde que lo escuchara hablar en el este de Londres, pero nunca había olvidado sus palabras, así que decidió presentarse y agradecerle la forma en que su mensaje había cambiado, no solo su vida, sino también la de innumerables personas a través de él.

Una noche borrascosa de miércoles, Wilfred decidió visitar el Tremont Temple, donde D. L. Moody iba a predicar. Al llegar le explicó quién era a uno de los ujieres que había en la puerta. Rápidamente le introdujeron entre bastidores para que pudiera hablar con el famoso evangelista antes de que comenzara el culto.

Dwight Moody parecía algo más viejo y corpulento, pero aparte de eso, era tal y como Wilfred lo recordaba. Tras una breve introducción, fue directo al grano:

—Me gustaría decirle que hace catorce años usted me inspiró a servir a Jesucristo.

—Maravilloso —respondió Moody—. ¿Y qué ha hecho desde entonces?

—Bien —dijo Wilfred—, he predicado el evangelio en la costa de Labrador. Me hice médico para poder curar el cuerpo de la gente, y predicador para poder tocar sus almas.

—Muy bien —dijo Moody mientras se estiraba la corbata.

La cabeza de un ayudante apareció desde el otro lado de la cortina y dijo:

—Ya es la hora, señor.

—Deme tan solo un minuto —respondió Moody. Después, volviéndose hacia Wilfred le preguntó—: ¿Y no lamenta usted no ser uno de esos exitosos doctores de la calle Harley, que comen delicados manjares y llevan sombreros de piel de castor?

—En absoluto —dijo Wilfred—. No lamento nada.

—Muy bien. Entonces, doctor —dijo Moody dándole una palmadita en el hombro—, salga usted conmigo y cuéntele a la gente el gozo que representa servir a Jesucristo.

Poco después Wilfred se encontró en un escenario entonando sus himnos favoritos junto a una audiencia de cientos de personas. Cuando terminaron de cantar, Dwight Moody le presentó a la multitud y Wilfred tuvo su oportunidad de hablar.

Empezó por describir brevemente el trabajo de su misión en la costa de Labrador. Después, prosiguió diciendo:

—Me siento agradecido por la vida del señor Moody. Todo lo que he hecho en este mundo que ha valido la pena se lo debo a su predicación. Cuando ustedes y yo lleguemos al final de nuestra vida, suponiendo que hayamos conseguido todas las riquezas del mundo, ¿podríamos mirar atrás y decir que eso nos trajo satisfacción? ¿Se puede medir el éxito de esa forma? Si hay un niño pobre en Labrador muriéndose porque no tiene comida o un joven aquí en Boston caminando hacia el infierno porque no hay nadie que le señale el camino al cielo, ¿servir a estas personas no es acaso una mejor manera de vivir que la de amontonar riquezas?

Al recordar las pequeñas cosas de la vida, las prefiero a ellas antes que todo el oro del mundo. Cuando estemos ante el trono del juicio el día del ajuste de cuentas, la única forma de medir nuestro éxito será mediante aquello que el evangelio de Jesucristo nos haya capacitado a hacer. Cristo me ha llevado a algunos de los lugares más desolados de la tierra, pero nunca he lamentado haber obedecido Su llamamiento. Lo cierto es que no tengo que esperar al cielo para recibir mi recompensa. La tengo cada día en la satisfacción de ayudar a la gente y saber que estoy haciendo algo que mi Maestro aprueba. Esto es lo que Él hizo cuando estaba aquí en la tierra, ayudar a la gente, y si queremos seguirlo, eso es también lo que tenemos que hacer nosotros.

Wilfred se alegró de haber tenido la oportunidad de encontrarse de nuevo con D. L. Moody y agradecerle por ser un eslabón en la cadena de gente que le había ayudado a encontrar su misión en la vida.

En Boston, Wilfred también habló en la universidad de Harvard, y después viajó para hablar en

Yale. Su último destino en Estados Unidos estuvo en Nueva York, donde una gran multitud se reunió para oírle hablar.

El 14 de febrero de 1897, Wilfred Grenfell vio desaparecer la estatua de la libertad por la popa del barco de vapor. Una vez más se dirigía a Inglaterra, listo para aceptar los desafíos que se le presentasen.

Capítulo 12

Una sola carta lo cambia todo

Wilfred llevaba solo seis meses en Inglaterra cuando tomó su pluma para escribir un artículo para *Trabajadores de las profundidades*. Empezaba diciendo: «Evidentemente, el problema más importante que la misión tendrá que resolver en un futuro cercano es cómo nos adaptaremos a las exigencias de los barcos arrastreros de vapor».

Era un problema que había obsesionado a Wilfred desde el momento de su desembarcó en suelo inglés. Los viejos barcos veleros de pesca eran ahora cosa del pasado. En solo unos pocos años habían pasado de ser el principal sostén de la industria pesquera británica, desplegando sus velas con gran fanfarria y ondear de banderas, a pudrirse en los muelles de los puertos de todo el país. Los arrastreros a vapor, con sus cascos de hierro y brillantes luces, eran capaces de faenar en todas las condiciones climáticas y arrastrar las redes las veinticuatro horas del día hasta que sus bodegas estuviesen llenas para volver a casa con sus capturas. Debido a esto, los pescadores no tenían tiempo para la visita de los barcos de la misión, ni tampoco podían los barcos de la misión, en su mayoría todavía veleros, seguir el ritmo de los vapores. Había llegado el momento de un cambio de estrategia.

Wilfred y el comité de la misión lucharon con este problema durante un año antes de acordar trasladar a tierra el énfasis de la misión. Decidieron construir mejores y mayores salones sociales en las ciudades portuarias, de forma que los pescadores tuvieran una alternativa a los cientos de tabernas que competían por el negocio.

Mientras recorría las islas británicas buscando recaudar fondos para los nuevos salones de la misión, Wilfred nunca olvidó mencionar a los doctores y enfermeras que trabajaban fielmente al otro lado del océano Atlántico, en Labrador. Deseaba ardientemente poder enviarles un barco hospital bien equipado para ayudarles en su trabajo, y comenzó a recaudar las tres mil libras necesarias para comprar un navío de ese tipo.

Al contar el relato del tiempo que pasó en Labrador, Wilfred comprendió que su corazón seguía estando con la gente de aquel lugar, aunque se hubiese resignado a aceptar las órdenes del comité de la misión en Londres.

Entonces, en julio de 1899, una sola carta lo cambió todo. La carta era del doctor Fred Willway, y en ella informaba de que su esposa estaba gravemente enferma y necesitaba volver a Gran Bretaña para un largo periodo de descanso. El doctor Willway solicitaba ser relevado de su cargo como director de la obra en Terranova y Labrador.

A Wilfred se le disparó el pulso mientras leía la carta, pero intentó no hacerse demasiadas ilusiones. Quizá, se dijo a sí mismo, sólo quizá, se le permitiese regresar y liderar de nuevo la obra. En efecto, el nombre de Wilfred fue propuesto como sustituto de Fred Willway y se procedió a la votación. ¡Wilfred consiguió el puesto! Estaba tan emocionado ante la idea de volver a la accidentada costa que había sido el centro de tantos de sus sueños durante los últimos años, que casi no sabía ni qué hacer.

Era el momento perfecto para partir hacia Labrador, porque el dinero para el nuevo barco hospital había llegado y hacia finales del verano la nave estaría equipada y lista para el servicio. La bautizó el *Strathcona*, en honor a Sir Donald Smith, que era ahora Lord Strathcona. Sir Donald había sufragado una generosa parte del coste de compra del barco.

Wilfred no podía esperar a que el *Strathcona* estuviese terminado y listo para ser botado. Él y Andrew Beattie, un pescador escocés amigo suyo, se embarcaron en el primer barco que pudieron encontrar, un vapor carguero de transporte de minerales que se dirigía a Tilt Cove, en la costa este de Terranova. Una vez allí, ambos hombres esperarían a que uno de los barcos de la misión, el *Julia Sheridan*, los recogiese y les llevase al norte, a Labrador.

Todo fue según lo planeado, y Wilfred llegó a la costa que tanto amaba a principios de septiembre de 1899. Los habitantes de Tilt Cove le recibieron con los brazos abiertos, y cuando el *Julia Sheridan* llegó para recogerlos les entregaron generosas provisiones de comida y carbón para que las llevasen a bordo junto con el doctor.

Wilfred desembarcó en Battle Harbor el 25 de septiembre. Se quedó encantado al ver el hospital lleno y funcionando con eficiencia. El doctor Apsland, uno de los médicos de una nueva hornada, se había casado con la enfermera Ada Carwardine, y la pareja trabajaba junta felizmente en aquel lugar remoto.

A medida que los hospitales aumentaban su tamaño, la misión se ganaba cada vez mayor respeto, y poco tiempo después del regreso de Wilfred, el gobierno de Terranova anunció que cada doctor de la misión tendría automáticamente el puesto de juez de paz. Como en la costa no había policías, era un cargo importante, que les daba poder para resolver disputas o remitir al tribunal de San Juan de Terranova aquellas que no pudiesen resolverse o fueran de carácter penal.

Otro de los aspectos de ser juez de paz le resultaba a Wilfred especialmente emocionante. En la costa de Labrador era ilegal cualquier tipo de alcohol, pero a pesar de ello los barcos de Nueva Escocia lo llevaban allí, y muchos liveyeres tenían destilerías secretas a lo largo de la rocosa línea costera. Desde sus primeros días de misión en el mar del Norte, cuando los barcos de la misión tenían que competir con los copers, Wilfred había odiado lo que hacía el alcohol a los pescadores y sus familias. Causaba accidentes y peleas, y dejaba a las mujeres sin dinero para la comida, y a los niños sin padres. Ahora, por fin, la misión podía jugar un papel activo en alejar al alcohol de la costa de Labrador.

Mientras navegaba hacia el norte de aquella costa en el *Julia Sheridan*, Wilfred se sentía cada vez más emocionado, pues iba pergeñando los detalles de un plan que le permitiría realizar un sueño que tenía desde hacía mucho tiempo. Aquel invierno, planeaba pasarlo por primera vez en Terranova. Un comerciante llamado George Moore le había invitado a quedarse con él en St. Anthony, una localidad situada en el extremo norte de la isla. La comunidad establecida en St. Anthony llevaba algún tiempo pidiéndole a la misión que abriese un hospital en su bahía, y durante los dos anteriores años el doctor Willway había permitido que un médico de la misión se estableciese allí. Los médicos habían probado ser un recurso de valor incalculable para las gentes de muchos kilómetros alrededor.

Wilfred deseaba ahora comprobar en persona lo que podía hacerse por la gente durante los meses de invierno. Puso a resguardo el *Julia Sheridan* en el puerto de St. Anthony para el invierno y montó una unidad de cirugía en el trastero de la casa de George Moore. Su amigo y compañero de viajes, Andrew Beattie, abrió una escuela a la que acudieron treinta niños. Estos se sentían agradecidos de tener algo que hacer durante el invierno, y cada recreo suponía un regalo maravilloso para ellos. Los muchachos de la escuela Mostyn House habían enviado con Wilfred diez balones de fútbol, y este empezó a enseñarles a todos cómo jugar al fútbol sobre el hielo. El juego se hizo tan popular que hasta los ancianos dejaban sus lechos de enfermos para hacer deporte y las madres jóvenes, con sus hijos bien envueltos y atados a su espalda, reían y gritaban de alegría al pasarse el balón entre los miembros de su equipo.

Durante esta época, Wilfred también se dispuso a dominar una nueva habilidad, manejar trineos de perros. Estos eran el principal medio de transporte en Terranova y la costa de Labrador durante el invierno, y sabía que si quería visitar a pacientes enfermos en zonas apartadas, necesitaría saber cómo conducir un tiro de perros. No tardó en descubrir que no era tan fácil como parecía. Era necesario sujetar a entre ocho y diez perros a un komatik, un trineo para perros largo y estrecho, mediante arneses (correas) hechos de cuero de morsa. Una vez que los perros se encontraban bien sujetos al trineo, el conductor tenía que gritar «Oo-isht», y los perros se ponían en marcha arrastrando el trineo tras ellos. Las primeras veces que Wilfred probó a hacerlo, su intentó acabó en un enredo de perros y arneses, con el trineo volcado y Wilfred boca abajo en una pila de nieve. En cierta ocasión, la mitad de los perros rodearon un árbol por un lado, ¡y la otra mitad por el otro! Pero, poco a poco, Wilfred fue aprendiendo a manejar el trineo; consiguió mantenerse equilibrado y obligó a los perros a hacer lo que él quería. Poco tiempo después ya se deslizaba confiado a toda velocidad sobre la nieve y el hielo con su tiro de perros y su komatik.

Las oportunidades de usarlo no tardaron en presentarse, y cruzaba la bahía helada atendiendo una emergencia tras otra. Durante el invierno recorría más de cien kilómetros en cada dirección y realizaba operaciones sobre mesas de cocina o bancos toscamente labrados. Tras acabar de atender a un paciente, Wilfred normalmente solía quedarse a pasar la noche. Le encantaba escuchar a los habitantes de la zona relatar sus historias de cómo era la vida en el norte, y los relatos medio olvidados de la tierra de sus ancestros en Irlanda, Escocia y Francia. Wilfred terminaba cada visita con una lectura bíblica y una oración, animando a su cada vez más amplio círculo de amigos a poner su fe en Dios

Al igual que disfrutaba de sus escapadas de misericordia a través de los paisajes helados, a Wilfred también le gustaba quedarse en St. Anthony. Utilizando sus poderes recientemente otorgados como juez de paz, transformó el tribunal y la cárcel, que apenas se usaban, en un salón de reuniones para la comunidad. Lo tapizó con viejas revistas y textos bíblicos alegremente ilustrados, y las personas del lugar donaron mesas y sillas, y en poco tiempo, por primera vez en sus vidas, los habitantes de St. Anthony tuvieron un lugar donde reunirse a jugar juegos de mesa, y leer revistas y libros.

Las navidades de 1899 y el año nuevo de 1900 fueron dos celebraciones que quedarían largo tiempo en la memoria de todos los presentes. En diciembre, Wilfred insistió en que talasen un árbol y lo decorasen, una maravilla que los niños nunca habían visto antes. El día de año nuevo trajo consigo una gran gala deportiva, con carreras de obstáculos en las que los competidores tenían que competir sobre una goleta naufragada aprisionada en el hielo y gatear bajo redes para focas.

Tales actividades ayudaban a pasar el largo invierno, y lo más importante para Wilfred, hacían que los habitantes pensasen en ellos mismos como grupo. Esto era importante porque hacia el final del invierno esperaba poder reunir suficientes voluntarios para marchar tierra adentro y talar árboles para empezar la construcción de un hospital para la comunidad. Sería un trabajo extenuante y Wilfred no tenía dinero para pagarle a la gente por su esfuerzo, sólo la satisfacción de ayudar a su comunidad y a las de los alrededores.

Cuando llegó el momento de ir buscar madera, Wilfred se quedó encantado al ver el espíritu de equipo que demostraba todo el mundo. En solo un mes, se talaron más de trescientos cincuenta grandes árboles, se desmocharon y se transportaron en komatik al lugar de construcción del hospital. El edificio en sí tendría que esperar hasta el próximo invierno, porque había llegado el momento de que la gente de St. Anthony se preparase para la temporada de pesca.

Wilfred y Andrew emprendieron la preparación del *Julia Sheridan* para otro verano de trabajo misionero. Tan pronto como se fundió el hielo, pusieron rumbo al norte para recorrer la costa de Labrador. Supuso una gran alegría descubrir que la Cooperativa de Red Bay estaba funcionando bien y que, con los buenos precios obtenidos por su pescado, los miembros de la comunidad habían disfrutado del mejor invierno de sus vidas. Todo el mundo tuvo suficiente comida y ropa, e incluso quedó dinero para comprar nuevos equipos de pesca. Por primera vez, los pescadores no empezarían la nueva temporada endeudándose con los negociantes. Wilfred animó a los hombres a extender las noticias de su éxito entre los pescadores con los que se encontrasen durante el verano. Tenía la esperanza de que esto despertase el interés y que al llegar el otoño pudiese haber una serie de cooperativas a lo largo de toda la costa.

En agosto, Wilfred volvió a Battle Harbor para recibir al *Strathcona*. El barco atracado a lo largo del muelle en la bahía constituía todo un espectáculo. Tenía 30 metros de eslora y un casco de acero reforzado para navegar por el hielo. Era de líneas lisas, de igual figura por ambos extremos, y estaba aparejado con dos mástiles, uno en la proa y otro en la popa. Su chimenea estaba situada en medio del barco, y podía alcanzar los cinco nudos utilizando solo su motor a vapor, y nueve si se izaban las velas para ayudarlo a avanzar.

Wilfred había trabajado duro para recaudar el dinero con el que comprar el barco, y subió entusiasmado a bordo para ver cómo era. Sus cubiertas eran de teca, y la madera bajo cubierta era de caoba pulida. Bajo cubierta y justo delante del centro del barco y de la sala de máquinas había un espacioso hospital con seis camas, un dispensario y un aparato de rayos X. En la parte de atrás había un salón y los compartimentos de la tripulación. El barco estaba también equipado con las últimas comodidades, como luz eléctrica y cuartos de baño. Sobre la cubierta, todos los accesorios de bronce estaban pulidos para que brillasen de forma resplandeciente, y grabadas en la rueda de su gran timón estaban las palabras «Síganme, y los haré pescadores de hombres».

Wilfred se instaló en una de las nuevas cabinas del *Strathcona* y dedicó el resto del verano a recorrer de un extremo a otro la costa, visitando los hospitales de la misión, haciendo nuevos amigos y soñando con formas novedosas de ayudar a los habitantes del lugar.

Todavía había muchos incidentes trágicos, todos los cuales registraba en su diario. En cierta ocasión ayudó a una niña de tres años cuyos pies sufrían una congelación severa. Esta se transformó en gangrena y, el padre de la niña, temiendo con razón que se muriese si no hacía nada, le había cortado ambos pies a la altura de los tobillos. Cuando Wilfred encontró a la niña la llevó al hospital de Battle Harbor donde le limpiaron las heridas y le proporcionaron un par de pies de madera tallados a mano.

Eran problemas como los de esta niña y otros niños pequeños lo que más impactaba a Wilfred. En otra ensenada remota, una mujer le entregó a sus dos bebés niñitas diciendo:

—Son gemelas. Sé que les ocurre algo malo, pero no sé qué es. Tome, quédeselas. Yo tengo otros siete y no puedo criar también a estas dos.

Wilfred tomó a las dos pequeñas niñas y observó su comportamiento. Pronto llegó a la conclusión de que la madre tenía razón. Algo malo les ocurría: ambas eran ciegas.

Había muchos otros niños huérfanos, abandonados o demasiado enfermos para que los cuidasen sus parientes. Wilfred los recibía a todos a bordo del *Strathcona* y cuidaba de ellos lo mejor que podía. Al regresar a San Juan escribió a varios amigos en Estados Unidos, Canadá e Inglaterra urgiéndoles a encontrar hogares de adopción para los niños. Con el tiempo, muchos de ellos fueron enviados a vivir vidas mejores en otros lugares. Sin embargo, uno de los sueños de Wilfred era construir un orfanato en algún lugar de la costa, de forma que los niños no tuvieran que ser reubicados. Este era solo uno de los muchos proyectos que rondaban por su cabeza respecto a Labrador y Terranova.

En 1902, Wilfred tuvo una oportunidad inesperada de hacer algo respecto al comercio ilegal de alcohol en la costa de Labrador. A finales del verano de aquel año, se informó del naufragio de un bergantín inglés, el *Bessie Dodd,* en Smoky Tickle, a la entrada de la ensenada de Hamilton. El capitán y propietario de la nave reclamó el importe del seguro a Lloyds de Londres por la pérdida del barco. Pero Lloyds tenía sospechas y envió un cable a Wilfred preguntándole si podía investigar el naufragio.

Wilfred ya había puesto a resguardo el *Strathcona* en el puerto de San Juan para pasar el invierno, pero aquel cable despertó su interés. A pesar de ser ya 15 de noviembre y de que el agua estaba empezando a congelarse, decidió investigar. Alquiló los servicios de un arrastrero de vapor llamado el *Magnific* y partió hacia Smoky Tickle. Fue un trayecto difícil. Fuertes vientos balanceaban el barco y la tripulación se mantenía ocupada librando de hielo la nave para que no se volviese demasiado pesada y volcase.

A pesar del mal tiempo, consiguieron llegar a Smoky Tickle, donde encontraron al *Bessie Dodd* varado en un bajío.

—Me parece que alguien ha cometido un delito —dijo Wilfred al capitán del *Magnific* mientras ambos inspeccionaban con rostro sombrío desde tierra al *Bessie Dodd.*

—Sí —replicó el capitán—. ¿Qué barco queda varado a cuarenta y cinco metros del muelle donde va a recibir su carga de pescado? Y nada menos que en una playa arenosa y plana. Y fíjese, el único daño parece ser un guardín roto.

A pesar de que el guardín roto parecía ser el único daño sufrido por el barco, su capitán había vendido el *Bessie Dodd* por ochenta dólares a Gerry Jewett, un comerciante cuya carga había llevado a bordo. Al regresar a Inglaterra, el capitán había reclamado a

Lloyds quince mil dólares para cubrir el coste de su barco y otros veinte mil por la pérdida del cargamento. Y estando su barco en un lugar tan remoto y con el invierno a punto de empezar, el capitán esperaba que Lloyds atendiese su reclamación sin investigar la pérdida.

Utilizando todas sus habilidades de marino, el capitán del *Magnific* maniobró su barco hasta colocarlo cerca y amarró un cabo de remolque al *Bessie Dodd*. Poco a poco la nave fue saliendo de la playa y volviendo al agua. Las condiciones de navegación eran horribles, y varias veces Wilfred pensó que tendrían que cortar el cabo y dejar al *Bessie Dodd* a la deriva, pero el *Magnific* y su carga consiguieron regresar a San Juan.

Las autoridades de San Juan se sorprendieron al ver al *Bessie Dodd* seguir a flote. Rápidamente se abrió una investigación y el propietario original del barco fue llevado allí desde Inglaterra para ser sometido a juicio por fraude. Cuando este llegó a San Juan confesó que él y Jewett se habían confabulado para defraudar a la compañía Lloyds de Londres.

Wilfred no pudo quedarse más feliz con este resultado. Jewett llevaba años suministrando alcohol ilegalmente a lo largo de la costa, y esta era la oportunidad perfecta para librarse de él.

Jewett fue inmediatamente arrestado y juzgado junto al dueño original del *Bessie Dodd*. Ambos fueron encontrados culpables de fraude y enviados a prisión. Con Gerry Jewett entre rejas, Wilfred se dirigió a St. Anthony, donde ya habían terminado la construcción del hospital, para pasar allí el invierno.

Capítulo 13

A la deriva

Hacia 1905, la obra en Labrador y Terranova crecía a pasos agigantados. El consejo de la misión había abandonado su intención de hacer que Wilfred volviera a Inglaterra y llevara a cabo allí su trabajo con la misión. Wilfred Grenfell era ahora parte tan integral de la costa de Labrador como cualquier pescador que hubiese nacido y se hubiese criado allí, y no deseaba volver a alejarse jamás de aquel lugar.

Con el hospital bien establecido al fin en St. Anthony, convirtió aquel lugar en su cuartel general de invierno. Durante los meses de verano embarcaba en el *Strathcona* y ayudaba a la flota pesquera y a los que vivían en las zonas más remotas de Labrador y Terranova. Los hospitales de Battle Harbor e Indian Harbor se habían ampliado, y se estableció a lo largo de la costa una cadena de puestos de enfermería. Cada uno de ellos era gestionado a lo largo del invierno por una vigorosa enfermera, y durante el verano eran atendidos por una sucesión de estudiantes de medicina y enfermeras que trabajaban como voluntarios. Estos constituían el orgullo y gozo de Wilfred, que los llamaba TSP, es decir, «trabajadores sin paga».

Cada vez que Wilfred daba una conferencia en Canadá o Estados Unidos, cientos de personas se mostraban interesadas en ayudar. Su respuesta siempre era la misma, invitarles a ir a la misión y ofrecerse a contribuir con las habilidades que tuvieran. Hacia 1905, cientos habían aceptado el desafío. A veces los numerosos voluntarios abrumaban a los trabajadores a tiempo completo y surgían tensiones entre ambos grupos, pero aquello nunca preocupó a Wilfred. Estaba encantado de dar a conocer a la gente joven las dificultades del trabajo misionero, y el entusiasmo y habilidades de los voluntarios llevaron a la misión a emprender nuevas y emocionantes tareas.

Uno de esos voluntarios fue Jessie Luther, a quien Wilfred conoció mientras daba una serie de conferencias por Nueva Inglaterra. En cierta ocasión visitó un hospital en Marblehead, Massachusetts, y Jessie le enseñó las instalaciones. Algún tiempo antes ella había sido paciente del hospital y se quedó asombrada al comprobar lo aburrida que podía ser una estancia allí. Una vez restablecida, convenció a un médico para que le permitiese empezar unas clases de manualidades entre los pacientes. Llevó a tejedores, costureras y tallistas para que enseñaran su arte a los pacientes. El médico pronto notó que los enfermos que estaban entretenidos se sentían más felices y sanaban más rápido. Cuando Wilfred vio lo que Jessie había conseguido, la invitó a ir a St. Anthony y llevar con ella sus ideas.

Jessie fue, y al cabo de poco tiempo el hospital de St. Anthony tenía anexo un departamento de manualidades que enseñaba a tejer alfombras, a tallar madera y marfil, a tejer, a hacer mocasines y guantes, y a cortar y montar piedras semipreciosas. Algunas de las personas del lugar quisieron también participar, y muchas amas de casa adquirieron nuevas habilidades y fueron capaces de suplementar los ingresos de sus familias durante los largos meses de invierno.

La preocupación de Wilfred por los niños le enfrentó también a nuevos desafíos. Inauguró un orfanato en St. Anthony, e hizo que las palabras de Jesús «Dejad que los niños vengan a mí», fuesen pintadas con grandes letras blancas a lo largo de todo el perfil del tejado. Una voluntaria inglesa, una vieja amiga de Wilfred llamada Eleanor Storr, llegó a Terranova para ocuparse de los seis primeros niños acogidos en el orfanato.

La única cosa que lograba hacer que Wilfred se alejase de la costa de Labrador era la necesidad de llevar a cabo giras de conferencias para recaudar las cantidades de dinero cada vez mayores que se necesitaban para mantener la misión en funcionamiento.

Un domingo de pascua, el 19 de abril de 1908, Wilfred salía de la iglesia de St. Anthony cuando un hombre se le acercó corriendo a través de la nieve.

—¡Doctor Grenfell! ¡Doctor Grenfell! —llamó el hombre.

Wilfred caminó hacia él.

—Doctor Grenfell —dijo aquel hombre de nuevo, ya sin aliento—, vengo de Brent Island, en Hare Bay.

El chico que usted operó hace dos semanas está muy enfermo. Creo que es un caso de envenenamiento de la sangre. Tiene usted que ir y ayudarlo.

Wilfred se acordaba del chico; lo había operado de osteomielitis. Inmediatamente se puso en marcha.

—Llegaré allí lo más rápido que pueda —dijo, y salió corriendo hacia su casa para recoger las cosas necesarias para el viaje. Brent Island se encontraba a cien kilómetros al sur, y necesitaría dos días para llegar.

Una vez que sus ocho perros estuvieron bien enganchados a su komatik, Wilfred inició el camino. También llevo con él a Jack, su perro perdiguero, un pequeño spaniel negro. Jack brincaba junto al komatik cuando comenzaron el viaje. Habían dejado acordado que los hombres llegados desde Brent Island se quedarían, descansarían y darían también descanso a los perros antes de ponerse en marcha de nuevo.

Al anochecer, Wilfred había conseguido llegar al pequeño pueblo de Lock's Cove, en la orilla norte de Hare Bay. Allí pasó la noche con una familia antes de salir temprano a la mañana siguiente.

Durante la noche, había soplado un duro viento del noreste que hizo que el hielo de la bahía se rompiese formando placas de hielo. Normalmente, Wilfred habría llevado su komatik y los perros a través de la bahía, tomando la ruta más directa hasta Brent Island, que estaba cerca de la orilla sur de Hare Bay. Como la ruta a través del hielo era intransitable, Wilfred descendió a lo largo de la costa por la orilla.

Había recorrido varios kilómetros hacia el sur cuando notó que había un pequeño puente de hielo todavía intacto que llevaba hasta una pequeña isla deshabitada en el interior de la bahía. Si tomaba aquel puente de hielo hasta la isla y luego cruzaba la estrecha lámina de hielo entre la isla y la orilla opuesta, reduciría su viaje un buen número de kilómetros y podría llegar antes hasta su paciente. Wilfred dio instrucciones a su perro líder, Brin, para que virase en'dirección al puente de hielo, llevando tras él al resto de los perros.

Poco después se encontró deslizándose en su trineo a toda velocidad, con los perros ladrando y corriendo, a través del puente de hielo en dirección la isla. Todo iba bien hasta que Wilfred se dio cuenta de que se habían aventurado en hielo *sish*, una gruesa y viscosa placa de hielo que se formaba cuando el viento empujaba un grupo de placas de hielo haciendo que se desgajasen trozos pequeños de los bordes. De repente, el komatik empezó a hundirse en el hielo *sish*, haciendo casi imposible para los perros arrastrar el trineo. A medida que estos perdían velocidad, empezaron también a hundirse en aquel hielo.

Wilfred sabía que debía hacer algo, y hacerlo rápido. En un instante saltó del komatik sacando su cuchillo al mismo tiempo. Con un tajo rápido cortó las cinchas de piel de morsa que sujetaban los perros al trineo. Los perros se liberaron del trineo y Wilfred agarró los arneses cortados y los sujetó todo lo firmemente que pudo. Los perros tiraron de él a través del hielo *sish* hasta que finalmente Brin trepó hasta una placa de hielo. Los demás perros lo siguieron, arrastrando también a Wilfred.

Tiritando y empapado hasta los huesos Wilfred escaló la placa. Sabía que si quería sobrevivir no tenía tiempo para pensar en el frío que estaba pasando. La placa de hielo en la que se encontraban era demasiado pequeña y ya empezaba a hundirse bajo su peso y el de los nueve perros. Para empeorar las cosas, el viento había cambiado. Ahora soplaba desde el noroeste, alejando las placas de la costa y empujándolas hacia el mar.

Wilfred divisó otra placa de hielo mayor a unos veinte metros. «Si pudiera llegar hasta allí», se dijo a sí mismo, mientras se ataba las cinchas de los perros alrededor de ambas muñecas. Arrojó a Brin al agua con la esperanza de que nadase hasta aquella placa más grande y guiase allí a los demás perros, arrastrando con él a Wilfred. Pero Brin se limitó a volver a subir a la placa de hielo de la que había sido arrojado. Wilfred lo intentó una y otra vez con el mismo resultado. Brin no entendía lo que quería que hiciera. Entonces se acordó de Jack, su perro perdiguero spaniel negro. Wilfred tomó un pedazo de hielo y lo arrojó a la otra placa de hielo.

—¡Atrapa! —ordenó a Jack.

El spaniel se puso en acción de inmediato, desplazándose a través del hielo *sish* hasta llegar a la otra placa.

—¡Alto! —ordenó Wilfred una vez que el animal estuvo a salvo al otro lado.

Al ver a Jack sobre la otra placa Brin de repente captó la idea. Saltó al hielo *sish* y los demás perros le siguieron, arrastrando con ellos a Wilfred. Unos pocos minutos después todos estaban a salvo en una placa de hielo de unos tres metros por cuatro.

A Wilfred le habría gustado conseguir llegar a una placa de hielo todavía mayor que había a otros veinte metros, pero ahora tenía demasiado frío y sabía que tenía que elevar su temperatura corporal si quería sobrevivir. Se quitó las ropas mojadas y retorció cada una de las prendas. Después se sentó y fue poniéndose una prenda cada vez, intentando usar su calor corporal para secarlas. Aunque no lo consiguió del todo, se las arregló para devolverlas al estado en que estaban cuando se encontraban húmedas, y no completamente empapadas. Mientras estaba sentado secando su ropa, tomó sus mocasines de piel que le llegaban hasta los muslos y les cortó la caña, justo por encima de los tobillos. Después, los abrió con ayuda de su cuchillo y utilizando algo del cuero de morsa de los arneses de los perros, cosió una especie de capa con la que se cubrió los hombros para calentarse.

Mientras trabajaba, la placa de hielo siguió desplazándose a través de la bahía. Wilfred sabía que si el viento la empujaba hasta el mar nunca sería rescatado. La placa de hielo sería hecha pedazos por el oleaje, sumergiéndole a él y a los perros en el océano helado, lo que constituiría una muerte segura. Tal y como estaban las cosas, Wilfred sabía que sus posibilidades de sobrevivir eran pequeñas. No solo era que el frío fuera su mayor enemigo, sino que, además, la línea de costa de Hare Bay desde Lock's Cove al norte hasta las islas del sur estaba deshabitada. Incluso si la placa de hielo permanecía en la bahía, era muy improbable que alguien le viese y fuese a rescatarle. Pero Wilfred no estaba dispuesto a dejarse llevar por esos pensamientos. Ahora lo que necesitaba era hacer todo lo posible por sobrevivir.

La tarde transcurrió, y con ella el intento de Wilfred de secar sus ropas todo lo que pudo. Las sombras de la tarde empezaron a extenderse por la bahía y la temperatura se desplomó. Wilfred sabía que tenía que hacer algo más para mantenerse caliente. Al fin comprendió que no le quedaba más remedio que hacer lo impensable. Tendría que matar a algunos de sus perros y usar sus pieles como manta para protegerse del frío polar. Wilfred pensó por un momento en aquella tarea espantosa, pero no pudo imaginar una forma de evitarla.

Tras matar a tres de los perros utilizó trozos de las cinchas de cuero de morsa para unir las pieles hasta formar una manta. El calor que recibió le había supuesto un alto precio.

Ahora estaba completamente oscuro, y Wilfred intentó dormir un poco. Llamó a Doc, el mayor de sus perros, y ordenó al animal que se tumbase junto a él. Luego se acurrucó a su lado buscando el calor de su cuerpo, con su manta de piel de perro estrechamente enrollada a su alrededor.

Wilfred se despertó varias horas después, sintiendo a causa del frío como si le clavasen agujas en los dedos. Por un momento pensó que veía salir el sol, pero al fijarse mejor se dio cuenta de que era la luna llena y brillante, que asomaba entre las nubes.

Una vez más, se acurrucó junto a Doc intentando entrar en calor. Pero Doc se puso a gruñir, pensando que Wilfred era uno de los demás perros que se retorcía junto a él y lo despertaba, así que Wilfred intentó permanecer tumbado lo más quieto posible. Mientras intentaba volver a dormir, le vinieron a la mente una y otra vez las palabras de un himno que había cantando siendo un muchacho en Parkgate:

Mi Dios, mi padre,
mientras vago lejos de mi hogar,

por los caminos oscuros de la vida,
oh, enseña a mi corazón a decir,
¡sea hecha tu voluntad!

Wilfred no sabía cuánto tiempo había dormido en esta ocasión, pero se despertó con el mismo frío punzante en los dedos. Esta vez, sin embargo, una idea le latía en la cabeza. Necesitaba un poste y una bandera. De esa forma tal vez, sólo tal vez, alguien en la orilla pudiese verlo y rescatarlo. Se animó algo al darse cuenta de que el viento había amainado y que la placa de hielo ya no flotaba en dirección al mar, pero aún estaba a más de ocho kilómetros del punto más cercano a tierra.

Mientras pensaba en cómo hacer el asta, Wilfred se dio cuenta de que el sacrificio de sus perros aún podría prestarle otro servicio. No fue fácil, pero a pesar de trabajar en la oscuridad, finalmente consiguió atar los huesos de las piernas de los perros con cuerdas de cuero de morsa para formar una vara.

Por entonces ya había amanecido. Wilfred se quitó su camisa de franela y la sujetó al asta. Se puso en pie y empezó a agitarla sobre su cabeza. No era muy alta, pero al menos alzaba la bandera hecha con su camisa de franela otro metro y medio más en el aire.

Wilfred estuvo ondeándola todo el tiempo que pudo. Le latían los brazos, pero se forzó a sí mismo a continuar. Se decía que aquella era su última oportunidad. Si paraba de agitar la bandera en ese momento, alguien podía pasar por la orilla al cabo de cinco minutos y no verla, y así no saber que había alguien atrapado en una placa de hielo en la bahía. Tenía frío, estaba hambriento. Sabía que no sobreviviría más de veinticuatro horas sobre el hielo; tenía que seguir ondeando la bandera.

Llegó un momento en que Wilfred no pudo ya obligarse más a hacerlo, sino que tuvo que sentarse y descansar un poco. Al cabo de veinte minutos se puso en pie de nuevo. En aquel momento sus pies y manos estaban tan helados que ya no podía sentirlos. Eran simplemente protuberancias de carne situadas al extremo de sus brazos y piernas, y que quería mover para poder sobrevivir.

Una vez más, Wilfred ondeó la bandera todo el tiempo que pudo, hasta que de nuevo tuvo que tomarse un respiro.

La tercera vez que se levantó a ondear la bandera, vio algo en el horizonte, la luz de la brillante mañana se reflejaba sobre un objeto. Era algo que parecía moverse arriba y abajo. Wilfred intentó enfocarlo con los ojos, pero el brillo del sol sobre el hielo le había cegado parcialmente. Siguió ondeando la bandera intentando llamar la atención de lo que fuera que hubiese en el horizonte. Lentamente, muy lentamente, el objeto en movimiento fue tomando la forma de unos remos, y luego la del contorno de un bote de remos. ¡Era un bote! Wilfred apenas podía creerlo. En el bote remaban cuatro hombres y un quinto los guiaba a través de las fisuras en el hielo.

—¡Doctor! ¡Está vivo! Quédese donde está. Nosotros llegaremos hasta usted —gritó uno de los hombres desde el bote.

Media hora después ayudaban a Wilfred a subir a bordo. Las lágrimas corrían por los rostros de los hombres al ver que estaba a salvo. Lo arroparon en una cálida manta y le sirvieron una taza de té caliente del contenido de un frasco que habían llevado con ellos. Finalmente, los seis perros restantes saltaron también al bote y los hombres empezaron a remar de nuevo en dirección a la orilla, siguiendo las fisuras del hielo.

Una vez que llegaron a tierra, le dieron a Wilfred ropa caliente para que se cambiase y el mejor tazón de estofado que jamás había comido. Durante el viaje de vuelta en bote hasta la orilla nadie había hablado mucho, pero ahora, con ropa seca en su cuerpo y comida caliente en su estómago Wilfred empezó a hablar, relatando a sus rescatadores su dura experiencia y cómo se las había arreglado para sobrevivir.

Estos le contaron la suerte que había tenido de estar vivo. Algunos hombres del pueblo habían viajado a través de la solitaria costa para recoger algunas focas que habían matado anteriormente y que habían dejado colgando hasta que se congelasen. Uno de ellos dijo que había visto a un hombre a la deriva sobre una placa de hielo en el interior de la bahía. Al principio nadie le creyó, pero luego otro de ellos escudriño la bahía con un catalejo y vio a Wilfred a la deriva. Sin embargo, el viento era demasiado fuerte como para intentar un rescate. Los hombres tuvieron que esperar hasta la mañana, esperando mientras tanto que Wilfred fuese capaz de sobrevivir a la noche y que los vientos no le llevasen hasta el mar.

Al día siguiente ataron a Wilfred a un komatik y lo transportaron de vuelta a St. Anthony. Estaba ansioso por volver y que todo el mundo supiese que estaba a salvo. Desafortunadamente, a medida que sus manos y sus pies se descongelaban el dolor se hacía insoportable. Los dedos de sus manos y pies habían sufrido pequeñas congelaciones, y pasó bastante tiempo sin poder caminar ni utilizar las manos.

Wilfred fue recibido con entusiasmo en St. Anthony. En la comunidad había muchas personas convencidas de que había muerto en el hielo, así que al verlo vivo fueron corriendo a recibirlo con lágrimas en los ojos.

El chico de Brent Island al que Wilfred había ido a ayudar llegó a salvo a St. Anthony dos días después, gracias a que el hielo roto de la bahía le había permitido atravesarla en bote. En el hospital le trataron su envenenamiento de la sangre y varios días más tarde volvió a su casa a Brent Island para terminar de curarse.

Contento de estar de nuevo a salvo en casa, Wilfred estaba deseando ponerse a hacer cosas otra vez, pero las congelaciones en los dedos de las manos y pies le obligaron a tomarse las cosas con calma hasta haberse recuperado del todo. Mientras yacía en su cama, Wilfred dictó el relato de su dura experiencia en el hielo a Jessie Luther, relato que fue publicado en un libro titulado *A la deriva en una placa de hielo*.

Cuando terminó de recuperarse, Wilfred reanudó sus acostumbradas actividades estivales, viajando a lo largo de la costa de Labrador a bordo del *Strathcona*.

Al año siguiente fue de visita a Inglaterra. Se sorprendió mucho al descubrir que *A la deriva en una placa de hielo* se había convertido en un éxito de ventas. Cuando daba una conferencia, las multitudes que acudían a escucharlo eran todavía mayores; tenía la sensación de que todo el mundo quería conocer lo que le había ocurrido sobre el hielo.

Capítulo 14

Asociación internacional Grenfell

Por primera vez en su vida, Wilfred estaba a bordo de un barco en compañía de su madre. Aunque ella tenía ya setenta y nueve años y estaba medio inválida, aprovechó con entusiasmo la posibilidad de navegar hasta Estados Unidos para ver cómo le concedían a Wilfred dos títulos honoríficos, uno de la Universidad de Harvard y otro del Williams College. Un año antes, había recibido un doctorado honorífico de medicina de la Universidad de Oxford. Era el primer título de medicina honorífico concedido jamás por dicha institución.

Para el viaje a través del océano Atlántico el presidente de la naviera Cunard había dispuesto generosamente que le cedieran a Jane Grenfell el uso de una lujosa suite de dos camarotes, donde pasó la mayor parte del viaje. Wilfred, en cambio, era todo energía, e inspeccionó el navío *Mauretania* desde un extremo a otro, haciendo amistad con el capitán y su tripulación. El segundo día de viaje vio algo que le dejó verdaderamente asombrado. Fue la visión de un pasajero, una mujer. Era unos veinte años más joven que él y, por alguna razón, Wilfred no era capaz de quitarle los ojos de encima. Durante sus cuarenta y cuatro años le habían presentado a cientos de bellas mujeres, pero esta tenía algo que le resultaba irresistible. Tras observarla fijamente a través del salón comedor, decidió pedirle sin más que se casara con él.

La oportunidad se presentó aquella noche, mientras Wilfred paseaba por cubierta. La joven, vestida de negro, estaba sentada bordando en una de las sillas de cubierta. Wilfred se sentó a su lado.

—Le ruego que me perdone, madame —dijo—, pero me gustaría preguntarle algo.

Wilfred contempló su expresión sorprendida.

—Claro, adelante —dijo ella.

Tomó aire profundamente y soltó su declaración:

—¿Se casaría usted conmigo?

La joven se echó las manos a la cara y tragó saliva.

—¡Pero si ni siquiera sabe usted mi nombre!

Wilfred asintió, y dijo:

—Eso no importa. Lo único que de verdad mi interesa es poder añadir mi apellido a su nombre.

—No sea ridículo —replicó ella—. Por supuesto que no le permito que se case conmigo, pero puede acompañarme durante el desayuno a las nueve en punto. Viajo con la familia Stirling; estaremos en el salón comedor de popa. Por cierto, soy la señorita Anne Elizabeth MacClanahan.

Tras decir eso, la mujer dobló el bordado, lo puso en una bolsa de satén y se marchó de allí.

Wilfred se quedó allí sentado durante un tiempo preguntándose qué le había ocurrido. Nunca en toda su vida había necesitado una esposa, y ahora se había quedado prendado de una mujer que ni siquiera conocía.

A la mañana siguiente, muy temprano, Wilfred recorría la cubierta de un lado a otro preguntándose si la noche anterior se había comportado de forma absolutamente ridícula. Gracias a Dios, cuando dieron las nueve, Anne MacClanahan le hizo sentirse muy cómodo mientras desayunaban con sus compañeros de viaje. Durante el desayuno pudo conocerla un poco mejor. Había crecido en Lake Forest, un suburbio rico de Chicago. Su padre, que murió cuando ella era joven, había sido coronel durante la guerra civil bajo el mando de Robert E. Lee. Su único hermano, un chico llamado Kinlock, también había fallecido, por lo que la madre de Anne había tenido que criarla sin ayuda.

Anne había hecho las cosas normales que se esperaban de una chica de clase social alta, y había logrado una licenciatura en Bryn Mawr. Ahora volvía de una gira de tres años por Europa.

A pesar de haber iniciado su relación de forma bastante impulsiva, Wilfred y Anne se gustaron y cuando llegó el momento de desembarcar en Nueva York, Anne le prometió que pensaría en su oferta de matrimonio. También invitó a Wilfred y a su madre a visitar Chicago y conocer allí a su propia madre. Wilfred cambió entusiasmado sus planes con el fin de hacerlo. Pero primero fue al Williams College y a la Universidad de Harvard para recibir sus títulos

honoríficos. Como siempre, aprovechó la oportunidad para hablar sobre su labor en Labrador y de-
safió a los estudiantes de ambas universidades a
transformarse en TSPs, dedicando su verano a servir a sus congéneres en el lejano norte.

Por fin, llegó el momento de dirigirse hacia el oeste a visitar a Anne MacClanahan y su madre. Tras
dos días juntos, Anne accedió a casarse con Wilfred.
La boda se programó para el 18 de noviembre de
1909, dos semanas después. Wilfred no veía ningún
motivo para esperar más, especialmente sabiendo
que llevaba lejos de St. Anthony más tiempo de lo
que había sido su intención.

La boda consistió en una ceremonia tranquila y
formal celebrada en la Iglesia Episcopal de la Gracia,
seguida de una luna de miel en Virginia Hot Springs.
Después, Wilfred y Anne Grenfell acompañaron a la
madre de Wilfred hasta Nueva York y la embarcaron
de vuelta en un barco de pasajeros de Cunard con
destino a Inglaterra.

En enero, Wilfred completo sus últimos compro-
misos de conferencias y los recién casados se dirigieron al norte a pasar el resto del invierno. Aunque
estaba seguro de que mucha gente se preguntaba
cómo iba una chica de la alta sociedad de Chicago a soportar las duras condiciones de vida de St.
Anthony, él no albergaba ninguna duda. Estaba seguro de que Anne se adaptaría a cualquier situación
que se encontrase y estaba deseando enseñarle el
tipo de vida que amaba.

Durante su estancia fuera, Wilfred había hecho que le construyeran una casa, y había escrito
a los carpinteros para pedirles que añadieran algunas cosas adicionales que Anne había sugerido. El

resultado fue abrumador. Wilfred y Anne se encontraron viviendo en una preciosa casa de dos pisos con vistas a la bahía de St. Anthony. Al cabo de un año, la casa se llenó con los sonidos de un recién nacido, Wilfred Jr.

A pesar de tener que cuidar de un bebé, Anne desempeñó un papel activo en la misión, supervisando el departamento de asistencia a los niños y creando un fondo para proveerles una educación. Esto era lo que pesaba más en su corazón. Utilizando los numerosos contactos que tenía en Estados Unidos, Anne fue capaz de conseguir que los chicos y las chicas que se graduaban en las escuelas de la misión pudiesen proseguir sus estudios en instituciones de Nueva Escocia, Canadá y Estados Unidos. Equipar a los estudiantes, comprarles pasajes, conseguir las becas e instalarlos en un centro de educación superior constituía una tarea enorme. Con mucha frecuencia, Anne los acompañaba en persona, aunque a veces su ayudante iba con ella.

La vida de casado no alteró mucho la rutina de Wilfred. Anne era perfectamente capaz de mantener las cosas funcionando en casa mientras él disponía del tiempo necesario para realizar su habitual ronda de visitas médicas. Un proyecto en particular consumió gran parte del mismo: el Instituto del marino, que se iba a construir en San Juan de Terranova. El instituto debía tener comedores, dormitorios y un salón de reuniones con capacidad para trescientas personas. Tenía que ser un lugar donde pescadores y marinos pudiesen alojarse y comer mientras estuviesen en San Juan, sin tener que frecuentar los hoteles y tabernas del lugar. El instituto era algo con lo que Wilfred había soñado durante bastante tiempo,

y hacia 1911 pudo al fin recaudar los ciento setenta mil dólares necesarios para construir el edificio.
Ahora su construcción estaba a punto de comenzar.

La ceremonia oficial para poner la primera piedra
del Instituto del marino se celebró en junio de 1911.
Wilfred asistió emocionado al evento, que tuvo lugar
el mismo día de la coronación de Jorge V como nuevo
rey de Inglaterra. El monarca recién subido al trono
había querido apoyar el proyecto con su patrocinio,
lo que atrajo la atención de los medios de comuni-
cación sobre la misión. Tras su coronación, Jorge V
pulsó un botón en Inglaterra que envió una señal
a lo largo del nuevo cable trasatlántico que emer-
gía del océano en San Juan de Terranova. La señal
accionó un dispositivo mecánico que izó la bandera
británica e hizo caer la primera piedra por una ram-
pa hasta el suelo. La multitud que se había reunido
para la ceremonia quedó entusiasmada cuando la
bandera empezó a subir y la piedra comenzó a moverse. Tras la ceremonia, el trabajo de construcción
del Instituto del marino comenzó en serio.

Con la construcción del Instituto ya en marcha
Wilfred se enfrentó a otro reto. Este tenía que ver
con la propia estructura de la misión.

Desde hacía ya muchos años era consciente de
que su obra en Labrador excedía con mucho al man-
dato original que había recibido de The National
Mission to Deep Sea Fishermen. La mayoría del dinero que llegaba para financiar su trabajo no venía directamente de la misión en Inglaterra, sino de grupos
que funcionaban independientemente a lo largo de
Estados Unidos y Canadá. Dichos grupos ofrendaban
generosamente para la obra entre los liveyeres de Labrador y los colonos de Terranova.

En su corazón, Wilfred sabía que había llegado el momento de cortar lazos con la misión en Inglaterra y permitir que la obra siguiese su propio camino. En 1912, justo tras el nacimiento de Pascoe, su segundo hijo, decidió viajar a Inglaterra para arreglar las cosas. En abril, precisamente cuando estaba a punto de partir, escuchó una noticia increíble. El insumergible *SS Titanic* había chocado con un iceberg y se había hundido a seiscientos cincuenta kilómetros de la costa de Terranova. Mil quinientas personas entre pasajeros y tripulación habían perdido la vida en el océano helado. Una vez más, recordó el enorme respeto que un capitán debía tenerle a los cambios de humor del Atlántico norte.

Cuando llegó, Inglaterra aún se encontraba conmocionada y de luto. Mucha gente no podía creer que un barco como el *Titanic* pudiera realmente haberse hundido en su viaje inaugural. Por dondequiera que iba todo el mundo preguntaba a Wilfred acerca de Terranova.

Cuando al fin pudo reunirse con el comité de la misión, el encuentro fue muy tenso. Cada miembro del comité parecía tener una idea diferente sobre lo que debía hacerse con la obra en Labrador y Terranova. A pesar de ello, al final se alcanzó un acuerdo. Se constituiría la Asociación internacional Grenfell (AIG), Wilfred sería el presidente de la nueva asociación y su consejo estaría formado por miembros de los muchos grupos que sostenían la obra. The Royal National Mission to Deep Sea Fishermen contribuiría con dos mil libras al año durante los siguientes cinco años para apoyar el trabajo entre los pescadores.

Una vez quedó todo decidido, Wilfred sintió un gran alivio. Ahora podía poner en marcha montones de planes nuevos, y eso es precisamente lo que hizo.

Regresó a St. Anthony a tiempo para la inauguración del nuevo Instituto del marino. La ceremonia oficial de apertura se celebraba el 22 de junio de 1912 y él embarcó en el *Strathcona* para navegar hasta San Juan y poder asistir al evento, pero antes de que pudiera ponerse en marcha recibió un pedido de ayuda. Un año antes, una goleta de pesca se había hundido en la costa de Labrador. A principios de verano el capitán y propietario de la goleta y la tripulación de pescadores llegaron al lugar donde el barco se había hundido. Sorprendentemente, se las arreglaron para ponerlo a flote de nuevo. Arreglaron las vías de agua del casco con paquetes de bizcocho de mar (esqueletos de animales marinos) empapados de agua, cemento y planchas de madera. Después navegaron con la goleta cien kilómetros hacia el sur, atracándola en un pequeño puerto donde habían anclado otros barcos de pesca. Una vez en puerto, los oficiales de este le dijeron al capitán que no podía navegar más, porque su barco no era seguro

El capitán de la goleta fue a ver a Wilfred para preguntarle si podía remolcar el barco hasta San Juan, donde podrían repararlo. Por supuesto, él deseaba zarpar cuanto antes para estar en la inauguración del Instituto del marino, pero también sentía compasión hacia aquel capitán y su tripulación. Si no podían llevar su barco a San Juan de Terranova para repararlo, se perderían toda la temporada de pesca. Eso significaría que las familias de los pescadores tendrían que enfrentarse al invierno sin el dinero necesario para comprar las provisiones que les ayudasen a sobrevivir. Wilfred navegó hasta aquel puerto y remolcó la goleta. Si se perdía la inauguración, pues ni modo. Aquellos pescadores, a quienes precisamente en un inicio había venido a servir a Labrador, necesitaban su ayuda y él se la daría.

Afortunadamente, las condiciones de navegación a lo largo de la costa de Labrador eran buenas y Wilfred navegó hasta el puerto de San Juan justo a tiempo para la inauguración oficial del Instituto del marino.

El nuevo edificio de ladrillo rojo de cuatro plantas estaba en la calle Water, la calle principal de San Juan. Se levantaba frente al lugar donde desembarcara en 1583 Sir Humphrey Gilbert, quien había tomado posesión de la isla de Terranova en nombre de la reina Isabel I, como primera colonia de ultramar de Inglaterra.

Wilfred presenció orgulloso la apertura oficial del edificio y la lectura de sendas cartas del rey de Inglaterra, Jorge V, y del presidente Taft de Estados Unidos celebrando la ocasión.

Bajo los auspicios de la Asociación internacional Grenfell, la obra en Labrador y Terranova creció y floreció. Hacia 1914 formaban parte del equipo permanente de la misión seis médicos y dieciocho enfermeras, cifra que ascendía a veinte médicos durante el verano. Algunos de ellos eran especialistas de renombre mundial que entregaban su tiempo voluntariamente a la misión. Cada año recibían tratamiento seis mil pacientes en los cuatro hospitales y seis puestos de enfermería situados a lo largo de la costa. También prestaban servicio quinientos TSPs; muchos de ellos eran profesores, contables, fontaneros y carpinteros que trabajaban con los habitantes de lugar y les adiestraban para saber realizar valiosas tareas. Un creciente número de mujeres solteras voluntarias también empezó a llegar para hacerse cargo de los treinta niños que vivían por entonces en el orfanato.

Sin embargo, desde otro punto de vista, 1914 fue un año difícil para la misión y para Wilfred. Lord Strathcona, su amigo y principal patrocinador económico, murió repentinamente. Su testamento establecía que la misión siguiese recibiendo mil libras anuales con cargo a sus bienes.

En agosto, Inglaterra entró en guerra con Alemania y gran parte del equipo de la AIG dejó la misión para sumarse al esfuerzo bélico. Los misioneros moravos, en su mayoría nacidos en Alemania, fueron obligados a abandonar Labrador y la Asociación internacional Grenfell asumió la responsabilidad de continuar su labor en el norte entre los esquimales.

En 1915, Wilfred sintió que debía colaborar él también en la guerra. Aunque tenía cincuenta años, se alistó para formar parte de la unidad médica de la Universidad de Harvard que marchaba a Francia para atender las necesidades sanitarias de los soldados. Wilfred estaba especialmente interesado en tratar a aquellos que sufriesen pie de trinchera, una enfermedad causada por el frío y la humedad. Seis meses después de llegar a Francia se encontró con que había médicos voluntarios más que suficientes y, debido a su edad, fue dispensado del servicio y volvió a St. Anthony para continuar con su labor.

Cuando en 1918 terminó al fin la guerra, una epidemia barrió el mundo, exigiendo a Wilfred y sus colaboradores un esfuerzo como nunca había sido necesario hasta entonces.

Capítulo 15

Caballero comandante

¡Gripe española! Estas palabras hicieron temblar a Wilfred y los demás doctores y enfermeras de St. Anthony. La Gran Guerra había terminado y millones de personas se juntaron para celebrarlo. Desafortunadamente, aquellas grandes celebraciones contribuyeron a extender una cepa mortal de la gripe que acabó afectando al mundo entero. Ni siquiera las regiones más remotas de Labrador se libraron. Cada día llegaban a la mesa de Wilfred espantosos informes. Muy al norte, en Okkak, un pueblo de doscientos setenta habitantes, doscientos treinta y uno habían perecido a causa de la epidemia. Familias enteras habían perecido en espacio de horas. Sus cabañas, con los cadáveres aún dentro, habían sido quemadas hasta los cimientos en un intento inútil por frenar la expansión de la infección. No sobrevivió ni un solo hombre del asentamiento, y la mayoría de las mujeres y niños supervivientes quedaron en un estado de extrema debilidad. Wilfred envió a una enfermera para que fuese a ayudarlos.

En una cala aislada una mujer vio morir a toda su familia, pero tenía demasiado miedo para salir de la cabaña porque en el exterior de la misma se agolpaban perros de trineo, feroces y hambrientos, listos para atacarla. Un equipo médico logró rescatarla once días después del último fallecimiento.

Los médicos y enfermeras de la misión trabajaron sin descanso para llevar la poca ayuda que podían a las víctimas de la gripe. Wilfred se quedó en St. Anthony para coordinar el esfuerzo, transformando todo el asentamiento en un hospital. Gracias a Dios nadie de su familia, ni siquiera Rosamund, su hija de un año, contrajo la enfermedad.

Hacia 1920 la epidemia había terminado y al hacer un recuento de víctimas se halló que la gripe había causado la muerte de más de cincuenta millones de personas en todo el mundo.

Wilfred y la misión se esforzaron por paliar las repercusiones de la epidemia en toda la costa. Las viudas fueron trasladadas a San Juan y se construyó otro orfanato en Cartwright, en la costa de Labrador, para alojar y cuidar a setenta niños huérfanos.

Tenían además otras numerosas necesidades de edificación. El hospital de St. Anthony necesitaba reconstruirse en piedra, un nuevo hospital era necesario en North West River, así como puestos de enfermería en Flower's Cove y Cartwright. La misión era por entonces propietaria de seis barcos, todos ellos donados para la obra misionera. Sin embargo, la Asociación internacional Grenfell era quien tenía que encargarse del mantenimiento, combustible y equipamiento. Wilfred no se preocupaba por ello, había levantado la misión con fe en que Dios proveería para sus necesidades y creía que Dios continuaría haciéndolo. En cambio, al consejo de la AIG le preocupaba la cuestión práctica de cómo Dios lo llevaría a cabo.

Finalmente, el consejo aprobó un plan para constituir una fundación con cuyos fondos se pudiese continuar el trabajo de Wilfred mucho después de que él muriera. Para conseguirlo pidió a Wilfred que recaudara un millón y medio de dólares que pudieran invertirse en un fondo. Los intereses de dicha cantidad ayudarían a pagar los costes de funcionamiento de la misión. Wilfred vio que la petición del consejo era razonable. En 1920 había cumplido cincuenta y cinco años y era consciente de que él era el mejor recaudador de fondos de la misión. Sin embargo, la idea de dedicar un montón de meses a la tarea de solicitar dinero no le apetecía nada. En una carta que escribió a su madre, comentó:

> Parece casi absurdo, pero decidir que debía enfrentarme con esta tarea ha sido quizá el esfuerzo más grande que haya tenido que hacer nunca... El largo crucero de otoño que había planeado hacer a bordo del renovado *Strathcona* tiene que ser abandonado, y el trabajo en el mar al que tanto amo debe, una vez más, dejar paso por un tiempo a la recaudación de fondos.

Una vez que Wilfred se hubo hecho a la idea de que tenía que constituir una fundación, él y Anne tuvieron que tomar algunas decisiones difíciles. Su hijo mayor, Wilfred Jr., tenía ya nueve años y Anne quería que recibiera una educación formal como preparación para asistir a una buena universidad inglesa. Así que los Grenfell decidieron mudarse a Brookline, un suburbio de Boston, mientras Wilfred viajaba por el país recaudando dinero.

Una semana antes de partir de St. Anthony llegó al hospital un telegrama que decía así:

«Doctor Grenfell, le ruego que venga a operarme. Tengo un absceso en la amígdala derecha. Le proporcionaré carbón para su vapor. Me estoy quedando muy débil. J. N. Coté. Long Point».

El capitán Coté era quien cuidaba un faro canadiense localizado a ciento sesenta kilómetros en el extremo meridional del estrecho de Belle Isle, en lado de Quebec. Wilfred salió todo lo rápido que pudo en el *Strathcona* con el fin de ayudar al capitán Coté.

Empezaba ya a anochecer cuando rodearon el cabo norte de la isla de Terranova y se encontraron con un vendaval ululante. Ni siquiera con los motores a toda máquina conseguía el *Strathcona* avanzar contra el viento, y llegó un momento en que Wilfred se vio forzado a buscar refugio en una bahía y echar el ancla para pasar la noche.

A la mañana siguiente el vendaval había amainado y el *Strathcona* pudo reanudar su trayecto; navegaron a través del estrecho de Belle Isle y llegaron hasta el lado quebequés. Cuando la tripulación divisó el faro, el *Strathcona* maniobró hasta situarse lo más cerca posible. El barco estaba a unos treinta metros del faro cuando se hizo descender por la borda un pequeño bote a motor para recoger al Capitán Coté y llevarlo desde allí hasta el *Strathcona*. Las olas rompían sobre las rocas que rodeaban al faro mientras el bote avanzaba cautelosamente hacía el pequeño embarcadero. El capitán Coté esperaba allí, y tan pronto como el bote estuvo lo suficientemente cerca subió a él. Minutos después le estaban operando en el barco.

Wilfred administró al farero un anestésico local y después se puso a retirar el absceso del fondo de su garganta, que dificultaba su respiración. El capitán Cote agradeció a Wilfred profusamente haber ido a socorrerlo, y el gobierno canadiense le dio a Wilfred cuatro toneladas y media de carbón para reemplazar el que había quemado llevando al *Strathcona* hasta el faro. Después volvió a St. Anthony.

Una vez la familia Grenfell se hubo mudado e instalado en Brookline, Wilfred partió a realizar una extenuante gira por Estados Unidos. Por entonces era un hombre famoso y todo el mundo deseaba escucharlo. Habló hasta tres veces al día en salas de conferencias e iglesias abarrotadas de público. Fue recibido por el presidente Harding en la Casa Blanca y se le dio la bienvenida en las mansiones más ricas de todo el país.

Al cabo de tres meses, Wilfred había recaudado medio millón de dólares y al finalizar el año la suma había subido hasta los ochocientos mil. Importantes organizaciones prometieron realizar campañas anuales de recaudación de fondos para la Asociación internacional Grenfell. Una de ellas, la Metropolitan Opera House de Nueva York, envió un cheque por importe de nueve mil dólares y prometió enviar una cantidad similar durante los años siguientes.

La primavera siguiente, Wilfred estaba de vuelta en St. Anthony para trabajar en su siguiente proyecto. Muchos de los que tuvieron noticia de él lo apodaron como «la locura de Grenfell», pero él estaba seguro de que su idea de construir un dique seco de primera categoría en el asentamiento funcionaría.

Hasta entonces, los únicos diques secos donde los barcos podían ser retirados del agua para reparar sus cascos estaban en San Juan de Terranova. Muchos de los barcos que navegaban por las regiones septentrionales resultaban tan severamente dañados por tormentas o colisiones con rocas, que no había forma de que pudiesen llegar hasta San Juan para ser reparados. Creyendo que un dique seco en St. Anthony constituía el siguiente paso en su ayuda a los pescadores, Wilfred oró e hizo planes para que se convirtiese en una realidad. En verano recibió la noticia de que un donante anónimo había entregado una suma de dinero especialmente dedicada a dicho proyecto, así que el trabajo de construcción se puso pronto en marcha.

Una vez terminado, el dique seco tenía capacidad para acomodar barcos de hasta cuarenta y cinco metros de eslora. El dique seco no solo ayudó a salvar muchas goletas de pesca, sino que también supuso una fuente de ingresos para los hombres que trabajaban en los botes durante el invierno. Lejos de ser una locura, resultó ser una bendición para el pueblo.

Para Wilfred, 1921 se convirtió en un año lleno de recuerdos. Su madre, que ya tenía noventa y un años, murió. Llevaba mucho tiempo inválida y, aunque Wilfred se alegraba de que su sufrimiento hubiese terminado, sabía que echaría de menos sus largas y alentadoras cartas.

Ese mismo año su fiel barco, el *Strathcona*, se hundió al cruzar Bonavista Bay, en la costa de Terranova. Wilfred no estaba a bordo cuando naufragó, pero le describieron su fin y lo revivió en su memoria muchas veces. El hundimiento sucedió mientras el *Strathcona* surcaba la bahía bajo un fuerte viento de noroeste y mar gruesa. Al tiempo que avanzaba se fue llenando de agua. El capitán, William Sims, pidió a una goleta cercana que se acercara y el capitán de la goleta subió a bordo y examinó el estado del barco, urgiendo al capitán Sims a que abandonara la nave. A disgusto, este tuvo que admitir que no podía hacer nada para salvarla. El *Strathcona* estaba demasiado viejo y debilitado como para soportar las embestidas. La tripulación lloró en silencio al descender del barco en dirección a la goleta. Media hora después el *Strathcona* se escoró a babor y se hundió.

Fue un duro golpe para Wilfred. El *Strathcona* y él habían sido compañeros de viaje durante casi veintidós años y él admiraba su robustez. Escribió una nota informativa para explicar la pérdida. En ella dijo:

Cuántos días ajetreados hemos compartido juntos, por cuántas aventuras hemos pasado. Cuántas veces sus cubiertas han estado atestadas de hermanos que buscaban la sanidad del cuerpo —alivio para el dolor— y consejo en tiempos de angustia. Bebés han nacido a bordo, niños indefensos han sido salvados y llevados hasta el cuidado permanente de unas manos amorosas. Algunos se han casado y otros han fallecido bajo su servicial refugio... Remolcó a diecinueve tripulaciones naufragadas hasta ponerlas a salvo; salvó de ahogarse a cerca de doscientas personas. Cinco veces ha chocado contra las rocas... Muchos se han reunidos en sus cabinas para adorar y alabar... Miles de veces, el sonido de su silbato y el ondear de sus banderas han llevado a corazones expectantes y ansiosos el mensaje de esperanza y ayuda.

Wilfred y el *Strathcona* eran ya legendarios en la costa de Labrador, y al tiempo que lamentaba el hundimiento del barco no podía evitar pensar que estaba perdiendo también algo de su utilidad para la misión. Continuaba haciendo lo que podía, pero ya no estaba tan bien como había estado en el pasado. Tenía la presión alta y sufría dolores de cabeza y palpitaciones. En 1926, mientras ascendía una colina en Labrador, sufrió un ataque al corazón. No fue suficiente para matarlo, pero le dio un buen susto. Volvió a Boston para recuperarse y encontró allí esperándole malas noticias. Habían diagnosticado a Anne un cáncer de estómago. Como resultado, la enferma pareja decidió mudarse a una casa en Vermont, a la orilla del lago Champlain, donde pudieran retirarse juntos.

Wilfred no tardó mucho en recuperarse de su ataque al corazón y, aunque estaba contento de estar en Vermont por causa de Anne, lamentaba estar tan lejos del mar. Se compró un barco de cinco metros de eslora y navegó con él por el lago, pero no era lo mismo que navegar sobre el gris e incansable océano.

Anne estaba bajo el cuidado de los mejores especialistas y tras la crisis inicial, parecía mucho mejor. Su amiga Eleanor Cushman, la secretaria de los Grenfell, accedió a quedarse con ella todo el tiempo que necesitase. Esto posibilitó que Wilfred pudiese viajar de nuevo, y en la primavera de 1927 puso rumbo a St. Anthony para asistir a un evento especial: la inauguración de un nuevo hospital más grande y de ladrillo.

Al igual que con la inauguración del Instituto del marino en San Juan quince años antes, ¡Wilfred casi se lo pierde! Había subido a bordo del sustituto del *Strathcona*, el *Strathcona II*, para ir al norte a atender a la esposa de un pescador que estaba muy enferma. De vuelta al sur se encontraron con una espesa niebla. Wilfred, que permaneció en cubierta todo el tiempo, escuchó el angustioso sonido del metal chirriando. Debido a la niebla el barco había golpeado unas rocas. Las olas batían continuamente la proa y Wilfred no pudo hacer nada excepto llamar la atención de un barco que pasaba y pedirle que recogiese a la tripulación

Cuando al fin pudo ponerse a salvo, el *Strathcona II* se estaba escorando peligrosamente. Wilfred pidió al capitán de la goleta que permaneciese cerca hasta el hundimiento. Sorprendentemente no sucedió nada. Contempló la escena hasta que el barco hospital, flotó a la deriva soltándose de las rocas gracias a la subida de la marea. Aunque todavía estaba muy escorado, Wilfred empezó a preguntarse si no podría repararse. Pidió al capitán que lo devolviese al barco, donde encontró todo el interior destrozado, pero su casco todavía intacto. ¡Parecía que al final el *Strathcona II* conseguiría volver a navegar otra vez!

Las bombas estaban atascadas con carbón, así que Wilfred y la tripulación achicaron agua acarreando cubos. Una vez hubieron achicado lo suficiente, encendieron las calderas y el barco empezó a avanzar renqueante de vuelta a St. Anthony, escoltado por varias goletas.

Llegaron el 24 de julio, el día antes de la ceremonia de inauguración del nuevo edificio del hospital. Todo el mundo, incluido el gobernador de Terranova, Sir William Allardyce, y su esposa estaban ya allí. La ceremonia constituyó un acontecimiento emocionante, quizá sobre todo para Wilfred. Pudo recordar su primer invierno en St. Anthony. Había jugado al fútbol sobre el hielo y animado a los habitantes a pensar en sí mismos en términos de comunidad. Juntos habían talado los árboles para construir el hospital original, casi sin creer que algo tan importante pudiese suceder en su bahía. Ahora, St. Anthony era un próspero núcleo de actividad, con sus negocios familiares, su dique seco y un hospital con los últimos adelantos.

La comunidad disfrutaba también de un buen ambiente. Cuando formaron y pasaron desfilando ante él rindiéndole homenaje, Wilfred pasó revista a la Brigada de chicos de la iglesia de St. Anthony, y a las chicas Guías y los chicos Boy Scouts de la misión. También se dispararon salvas de cañón desde el *HMS Wistaria*, el barco de la Marina Real que había llevado a las autoridades al norte desde San Juan de Terranova.

Fue un día que hizo a Wilfred sentirse muy orgulloso, aunque no podía imaginar que, aparte de la inauguración del hospital, se había planeado otra ceremonia. Una vez que Sir William Allardyce declaró oficialmente inaugurado el edificio y cortó la cinta, se giró hacia Wilfred y dijo con gran solemnidad:

—Su majestad, el rey Jorge V, tiene el placer de nombrar al doctor Grenfell caballero comandante de la orden de San Miguel y San Jorge.

Wilfred tragó saliva. Ahora era Sir Wilfred Grenfell.

Capítulo 16

De vuelta al hogar

El nuevo título de Wilfred pareció abrir las puertas a una catarata de nuevos honores. Fue aceptado como miembro de la Real sociedad geográfica, le invitaron a la casa del primer ministro británico, y le recibieron como a un amigo en el palacio real. Importantes hombres de negocios ingleses buscaron su consejo y hubo duquesas que organizaron muestras florales para contribuir a su causa.

Wilfred nunca se dejó impresionar por los honores recibidos, pero agradecía que se le abriesen las puertas a él y a la Asociación internacional Grenfell. Su membresía en la Real sociedad geográfica le llevó a poder realizar otro de sus sueños, que se cartografiase toda la costa de Labrador. La existencia de mapas precisos salvaría la vida de muchos pescadores y haría más provechosa la propia pesca. Wilfred se entrevistó con el ministro británico del aire para que un avión llevase a cabo la labor, y aunque encontró una predisposición favorable, en ese momento no había hombres o aparatos disponibles para ayudar.

Una vez más, Wilfred buscó ayuda en Estados Unidos. Tenía un amigo, un profesor de Harvard llamado Alexander Forbes, que era propietario tanto de un aeroplano como de una goleta motorizada, y le convenció para que se los prestase para realizar la tarea. La Real sociedad geográfica avaló el trazado de los mapas y el gobierno de Terranova accedió a transportar gratis todo el cargamento asociado al proyecto y a renunciar al cobro de licencias y tasas de aduana.

Al llegar la primavera de 1931, Wilfred se sentó en el asiento de copiloto del avión de Forbes, contemplando el paisaje que tan familiar le era desde la perspectiva del océano. El piloto bajó en picado e inclinó las alas mientras el avión sobrevolaba montañas, fiordos, cascadas torrenciales y los pequeños asentamientos enclavados a lo largo de la rocosa línea costera.

Lentamente, fueron emergiendo lecturas precisas que mostraban afloramientos de roca, bancos de arena, bajíos y peligrosos riscos. La información se enviaba a la Sociedad geográfica de Nueva York, que se había ofrecido a transformar los datos en mapas y cartas de navegación. A finales de aquel año, muchos pescadores de toda la costa tenían acceso a más información de la que nunca había estado disponible.

Sin embargo, Wilfred no se detuvo. Por cada tarea completada se le ocurrían cinco más que debía poner en marcha. A él y los demás médicos les preocupaba desde hacía tiempo la nutrición de los habitantes de la costa. Muchos de ellos padecían beriberi, una enfermedad producida por la carencia de la vitamina B presente en los vegetales. De hecho, en la costa no crecían vegetales, y todo el mundo argumentaba que el periodo en el que se podían plantar era demasiado corto. Tenían razón, pero un periodo de cultivo corto solo suponía otro desafío para Wilfred Grenfell, que exclamó: «¡Si el periodo es corto, lo haremos más largo!».

Al principio la gente se rio de él, pero dejaron de hacerlo cuando empezaron a llegar a St. Anthony los invernaderos prefabricados. Con su habitual capacidad de persuasión, había convencido a muchos clubs de jardinería estadounidenses para que donasen a la misión invernaderos, plantas y semillas. Los invernaderos permitían a las plantas adelantarse tres meses a la primavera, así que cuando el tiempo era lo suficientemente cálido como para trasplantarlas al aire libre, las plantas ya estaban fuertes, saludables y suficientemente desarrolladas. El proyecto supuso un éxito instantáneo y los salones de la comunidad exhibieron con orgullo repollos de ocho kilos y manojos de robustas zanahorias.

En 1932 se vendieron a los habitantes del lugar quince mil plantas de invernadero a lo largo de toda la costa. El problema de mala nutrición empezaba por fin a resolverse.

Aquel año, Wilfred sufrió una pequeña apoplejía que, junto con su ataque al corazón, le supuso un recordatorio de que sus fuerzas empezaban a fallar.

En 1934 fue a visitar nuevamente Inglaterra donde fue recibido por los duques de York, quienes pronto se convertirían en el rey Jorge VI y la reina Isabel. La pareja real dio su apoyo de corazón a la

Asociación internacional Grenfell y asistió un evento para recaudar fondos en honor a la asociación que se celebró en el Teatro real.

Aprovechando su estancia allí, Wilfred fue a visitar a su hermano Algernon. Ambos hermanos, ya ancianos y canosos, se sentaron en el césped de la Mostyn House School a contemplar el estuario del río Dee y revivir las maravillosas excursiones de caza y pesca que habían disfrutado sesenta años antes. Los barcos de pesca habían desaparecido; el estuario había quedado obturado con sedimentos de aluvión, por lo que las mareas bajas ya no podían bañar el malecón de ladrillo.

Wilfred también fue a visitar a su hijo Pascoe. Wilfred Jr. se había graduado dos años antes en la universidad de Oxford, pero Pascoe seguía estudiando en Cambridge. Por fin, llegó el momento de regresar a «casa», desde Inglaterra a Vermont para ver a Anne.

A Anne le iba tan bien como cabía esperar. A veces sufría dolores muy fuertes y era incapaz de hacer muchas tareas, pero en otras ocasiones podía viajar y dar conferencias para recaudar fondos para la fundación.

En Vermont tuvo que permanecer en retiro forzoso y llenó sus días lo mejor que pudo. Nadaba en el lago cada mañana, daba largas caminatas, dibujaba pájaros y atrapaba mariposas, pero le resultaba imposible sentirse verdaderamente feliz estando lejos de la brisa marina. Escribió innumerables cartas a la gente que recordaba en Labrador, a menudo incluyendo un cheque si pensaba que podían encontrarse en una situación difícil. Muchos de los miembros del equipo de la misión le escribían con regularidad, manteniéndole al tanto de lo que ocurría en los hospitales y relatándole los avances más novedosos que aplicaban a su trabajo.

No obstante, en 1937 Wilfred se dio cuenta de que estaba demasiado al margen como para seguir siendo el verdadero líder de la Asociación internacional Grenfell, así que dimitió como superintendente de la asociación. La junta de la asociación le respondió informándole de que había sido nombrado oficialmente fundador, y que sus ideas y consejos siempre serían bienvenidos y considerados.

Al año siguiente, en octubre de 1938, el médico de Anne aconsejó a su esposa que se operase de nuevo. Los Grenfell, junto con dos enfermeras y una secretaria, partieron hacia Boston. Supuestamente, la operación para retirar el tumor del estómago de Anne, no era de alto riesgo, pero hubo complicaciones y poco a poco fue escapándosele la vida. Anne cada vez estaba más débil, y Wilfred le escribió a un amigo:

«Ahora que la meta final ya no parece tan lejos, nos estrechamos la mano con más fuerza que nunca, confiados en que la experiencia final de la vida sea también más fácil de enfrentar entonces, y en que se transforme, de hecho, en otra gozosa aventura, cuando estas desgastadas máquinas corporales nuestras sean descartadas, y podamos trabajar juntos otra vez al otro lado en un nuevo campo».

Lady Anne Grenfell murió el 9 de diciembre de 1938.

Por primera vez en muchos años, Wilfred no tenía nada en particular que hacer y nadie en particular con quien hacerlo. Tras el funeral de Anne marchó al sur, a St. Simon Island, en Georgia, y luego a Miami,

donde se alojó en la clínica de salud del doctor Ke-
llogg. Aún seguían reconociéndolo muchas personas
y podía congregar a una extraordinaria multitud. La
Liga panamericana, que celebraba un congreso en
Miami, le invitó a dar una conferencia. Más de cuatro mil personas fueron a escuchar lo que tenía que
decir. Por primera vez, Wilfred se encontró un poco
desorientado frente a la multitud. Más tarde escribió a un amigo: «Estaba bastante nervioso la noche
antes y nunca me había encontrado así hasta entonces. No sé lo que le ocurre a mi vieja caja de pensar,
pero me olvido de las palabras. Nunca había tenido
que luchar tanto para dar el mensaje que quería».

Wilfred sabía que sus días como orador estaban
contados y, por primera vez en su vida, le agradaba la idea de pasar el invierno tranquilamente en
casa junto al lago. Sin embargo, durante el invierno
tuvo una nueva idea. Anne había pedido que la in-
cinerasen, y Wilfred decidió llevar sus cenizas a St.
Anthony para enterrarlas allí. La idea de volver a ver
a sus viejos amigos le renovó las fuerzas y empezó a
hacer planes para el que estaba seguro que sería su
último viaje al norte.

En julio de 1939, Wilfred estaba nuevamente a
bordo de un barco. Esta vez era un crucero turísti-
co que navegaba hacia el norte desde Montreal a lo
largo de la costa de Labrador. Con él iban su hija,
Rosamund, su ayudante personal, Wyman Shaw, y
otro viejo amigo de Georgia. No tardó mucho en extenderse la noticia de que a bordo viajaba Sir Wilfred Grenfell, y los pasajeros acudieron a obtener
autógrafos y escuchar sus recuerdos. Muchos de
ellos le confesaron que estaban realizando esa gira
por haberle escuchado hablar años antes o porque

habían leído alguno de los libros que había escrito describiendo sus aventuras en Labrador. Solo esto ya hizo que Wilfred se alegrase de haber hecho el viaje. Durante muchos años había intentado atraer el turismo hacia Labrador, pero no era posible hasta que la costa hubiese sido adecuadamente cartografiada y fuese segura para los turistas.

Wilfred llegó a St. Anthony el 31 de agosto de 1939. Habían pasado cinco largos años desde la última vez que viese la ciudad. Cientos de personas le esperaban pacientemente en el muelle para darle la bienvenida, y le vitorearon y saludaron agitando ramas de árboles de hoja perenne. Wilfred, del brazo de Rosamund, desembarcó y recorrió lentamente el camino que llevaba al hospital. Al contemplar los rostros de tantos colegas y amigos su mente se inundó de recuerdos.

Se hospedó en su antigua casa, que ahora usaba, el doctor Charlie Curtis, el nuevo superintendente de la misión y médico responsable del hospital de St. Anthony. Una vez que Wilfred hubo descansado, el doctor Curtis le llevó a recorrer el asentamiento. Examinaron los inmensos y oscuros establos donde invernaban los rebaños que producían leche, y las filas de invernaderos que proporcionaban al hospital vegetales frescos. Wilfred visitó a los pescadores inválidos que ahora se ganaban la vida tallando marfil y puliendo labradorita, una piedra semipreciosa del lugar, y a las mujeres y los niños que confeccionaban ropa con cuero de venado.

Wilfred paseó por la escuela y el orfanato, recordando a los setenta niños que habían quedado huérfanos a causa de la epidemia de gripe en 1919. Le resultaba difícil creer que eso hubiese sucedido veinte años atrás. El doctor Curtis dejo lo mejor para el final: acompañó a Wilfred en un recorrido por el hospital, que habían ampliado desde su última visita y ahora tenía doscientas camas. El equipamiento y cuidados que pudo ver rivalizaban con lo que había visto en los mejores hospitales de Boston, algo que le hizo sentirse orgulloso. Siempre dijo que la intención de Dios era proveer lo mejor para la gente de Labrador, y ciertamente allí lo tenían.

El segundo día, Wilfred, Rosamund y sus amigos celebraron un culto en memoria de Anne y enterraron sus cenizas. El lugar escogido por Wilfred fue en lo alto de una colina con vistas a la ensenada y a la casa que ambos habían compartido. Fue un momento conmovedor y le hizo recordar la forma en que Anne había hecho suya la misión de su vida.

El doctor Curtis tenía una sorpresa especial reservada para Wilfred. Le entregó el mando del *Northern Messenger*, uno de los buques auxiliares de la misión, y le dio permiso para utilizarlo siempre que quisiera. Con un ingeniero, un piloto y sus acompañantes, Wilfred partió a través del estrecho de Belle Isle hasta Red Bay. Al tomar el timón fue como si volviera atrás en el tiempo, y Wilfred fuera de nuevo el joven de veintisiete años que vio la costa de Labrador por primera vez.

Red Bay, el lugar de la primera sociedad cooperativa de la costa, había prosperado. Muchas personas recordaban a Wilfred, y aquellos que eran demasiado jóvenes para hacerlo habían escuchado muchas historias sobre su bondad y coraje.

De vuelta en St. Anthony le invitaron a hacer un crucero por la Hare Bay. Una vez más los recuerdos inundaron su mente. Esta vez estaba sobre la placa de hielo, flotando hacia el mar, con la única compañía de sus perros y su fe, para evitar que perdiera la esperanza.

Finalmente, a finales de agosto llegó el momento de tomar el vapor y regresar al sur. Todo el mundo en St. Anthony salió a despedirlo. Cantaron «Auld Lang Syne» mientras el vapor se alejaba y Wilfred se quitó el sombrero y saludó con él a todo el mundo. Había sido la visita más extraordinaria de toda su vida, y estaba satisfecho de haber vivido lo suficiente como para ver el fruto de tantos de sus planes. Se enjugó los ojos mientras la música se apagaba en la distancia y el barco se adentraba en mar abierto.

De vuelta en Estados Unidos, Wilfred se mantuvo ocupado, aunque su mente vagaba con frecuencia hasta los días especiales de aquel verano. Asistió a una cena de alumnos en Nueva York donde 250 antiguos TSPs se juntaron para recaudar dinero y saludar a su amado líder. Con el paso de los años habían servido en la misión más de tres mil quinientos TSPs, y él sabía que habían jugado un papel significativo en su progreso. Después tomó un tren y cruzó todo el país para recibir un título honorífico de la universidad de California, dando conferencias de camino en varios lugares.

Wilfred volvió a Vermont justo cuando estallaba la segunda guerra mundial. Recordó sus días en Francia en 1915, y le entristecía pensar que a Europa le aguardaba otro baño de sangre. No tenía intención de visitar Inglaterra de nuevo, ya que Algernon había fallecido un año antes, pero seguía las noticias del conflicto a diario.

La tarde del miércoles 9 de octubre de 1940, Wilfred jugaba al croquet con unas visitas. Tras el

partido se sintió cansado, se excusó y subió a su
habitación a echar una siesta antes de la cena. Se
quedó dormido con su mente llena de planes para
la Asociación internacional Grenfell. Una hora después había fallecido.

Las noticias de la muerte de Sir Wilfred Grenfell resonaron por el mundo como la salva del cañón de un barco de guerra. Su funeral, que se celebró en Boston, fue una ceremonia enorme a la que
asistieron representantes del rey de Inglaterra y de
los gobiernos de Estados Unidos, Canadá y Terranova. Pero fue la sencilla ceremonia que se celebró
un año después en la rocosa colina situada junto a
St. Anthony la que reflejó mejor la vida que Wilfred
había escogido. Ancianos pescadores, médicos, enfermeras, niños huérfanos y dos gemelas ciegas se
tomaron del brazo para cantar los himnos favoritos
de Wilfred mientras depositaban sus cenizas en la
cripta de piedra. A sus pies, las aguas del Atlántico
norte se estrellaban contra las rocas. Wilfred había
vuelto a su hogar.

Grenfell, Wilfred T. *Adrift on Ice-Pan.* Houghton Mifflin Company, 1909.

Johnston, James. *Grenfell of Labrador.* S. W. Partridge & Co., 1908.

Kerr, J. Lennox. *Wilfred Grenfell: His Life and Work.* Dodd, Mead & Company, 1959.

Martin, R. G. *Knight of the Snow: The Story of Wilfred Grenfeld.* G. R. Welch Company Ltd., 1966.

Mathews, Basil. *Wilfred Grenfell the Master Mariner: A Life of Adventure on Sea and Ice.* George H. Doran Company, 1924.

Miller, Basil. *Wilfred Grenfell: Labrador Dogsled Doctor.* Zondervan Publishing House, 1948.

Janet y Geoff Benge son un matrimonio de escrito-
res con más de treinta años de experiencia. Janet fue
maestra de primaria. Geoff es licenciado en historia.
Originarios de Nueva Zelanda, los Benge sirvieron
durante diez años en Juventud con una Misión. Tie-
nen dos hijas, Laura y Shannon, y un hijo adoptivo,
Lito; y su hogar está en Orlando, Florida.